비주얼
경제사
2

세계화의
풍경들

그림의 창으로 조망하는 세계 경제 2천 년 　｜　 송병건 지음

아트북스

○

경제사를 푸는 그림 열쇠

'비주얼'의 시대다. '비주얼'이 좋은 요리는 맛이 아주 훌륭하지 않아도 사람들의 관심을 쉽게 끌며, '비주얼'이 좋으면 실력이 다소 아쉬운 운동선수도 큰 인기를 얻는다. 인터넷 공간에 실리는 뉴스를 보면, 글로 전달할 수 있는 기사도 그림을 넣고 디자인을 해서 카드형 '비주얼' 뉴스로 대체하는 경향이 강하다. 가히 비주얼 전성시대라고 부를 만하다.

21세기는 어떻게 비주얼의 시대가 되었을까? 우선 기술적으로 보자면 20세기 후반부터 컬러 인쇄·복사 기술이 폭넓게 확산되고, 인터넷이 개인들과 조직들을 연결하고, 스마트 기기가 자료의 전송과 변형을 쉽게 만든 것이 중요한 계기로 작용했다. 즉, 정보통신기술의 발딜에 따라 정보의 흐름이 빨라지고 값싸진 것이 결정적인 원인이었다. 그러나 기술이 모든 것을 설명해주지는 못한다. 글이 시각자료보다 우월하다는 사회 통념이 깨진 점이 의미가 크다. 인류는 오랜 기간 지식과 정보를 주로 글의 형태로 보존하고 발전시켜 왔다. 식자층은 문자화를 통해 지식과 정보의 우위를 유지해 왔다. 예를 들어 절이나 교회에서 그림으로 교리를 설명하고 낭송으로 경전을 읊는 것은 기본적으로 문자해독력이 취약한 사람들을 대상으로 한 것이었다. 문맹률이 크게 낮아진 근대사회에서도 글의 우월성은 흔들리지 않았다. 요즘에도 어린이들은 그림일기로 자신의 생활을 기록하기 시작하다가 글을 깨우치고 나면 그림을 없애고 글로만 일기를 쓴다. 그리고 이게 지적 능력이 향상된 결과라며 뿌듯해한다. 글이 그림보다 우월하다는 기존 담론의 흔적이다. 마지막으로 현실에서 비주얼한 표현법이 파급력과 설득력이 크다는 점을 들수 있다. 보도사진 한 장이 몇 페이지에 걸친 기사보다 큰 힘을 발휘하는 사례를 우리는 자주 목격하고 있지 않은가. 한번 뇌리에 박힌 시각 이미지는 쉽게 지워지지 않는 법이다.

이 책은 비주얼 자료들을 이용해 경제사의 흐름을 짚어보려는 시도다. 경제사가 어떤 학문이냐는 질문을 받으면 나는 박쥐와 같은 학문이라고 대답한다. 박쥐가 포유류와 조류의 속성을 함께 지닌 것처럼 경제사는 경제학과 역사학의 속성을 동시에 가지고 있다. 그런데 경제는 딱딱하고 역사는 지루하다는 선입견을 가진 분들이 많다. 그러니 둘을 결합한 경제사는 딱딱하고도 지루한, 친해지기 참으로 어려운 학문으로 느껴지기 쉽다. 경제사를 쉽고 재밌게 풀 수는 없을까? 세상의 변화과정을

가쓰시카 호쿠사이, 「비행하는 두 박쥐」, 1830~50년
경제사는 달빛을 가르며 비행하는 우아한 박쥐가 될 수 있을까?

이해하는 데 경제사가 유용하다는 것을 보여줄 수 있는 방법으로 생각한 것이 바로 비주얼 자료다. 가벼운 마음으로 그림을 보면서 옛사람들이 살아간 모습을 그려가면서 이래저래 상상의 날개를 펴다보면 어느새 경제사의 세계에 들어서게 되지 않을까? 경제사가 컴컴하고 음산한 동굴 공간을 날아다니는 낯선 박쥐가 아니라 달빛 어린 저녁 공기를 뚫고서 우아하게 비행하는 매력적인 박쥐로 여겨지기를 바라는 마음으로 이 책을 썼다.

경제사라고 해도 이를 이해하는 관점은 다양하다. 그중에서 이 책이 특별히 주목하는 것은 '세계화'의 관점이다. 세계화는 지구 곳곳이 인간의 교역과 교류를 통해 점차 가깝게 연결되는 과정이다. 간단히 말해 세계가 좁아지는 움직임이다. 인류의 역사는 서로 멀리 떨어진 여러 지역에서 살아가던 소규모 인간 집단이 점차 넓은 사회를 구성하고 먼 지역과 연결이 되고 마침내 전 세계가 단일한 활동권이 되어가는 과정이라고 볼 수 있다. 어떤 경제사학자는 초기 인류가 아프리카의 초원에서 출발해 대륙을 넘어 지구 전역으로 이동을 시작한 사건이 세계화의 시작이라고 설명한다. 이로부터 인류는 기나긴 세월을 거치며 활동 범위를 넓히고 교역과 교류의 빈도를 높이고 서로의 관습과 제도의 영향을 받으며 오늘날에 이른 셈이다. 이 긴 여정의 주요 지점들을 살펴보고 함께 이야기를 나누고자 한다.

이 책은 고대부터 20세기 중반에 이르는 약 2,000년간의 역사 속에서 스물네 개의 주제를 선택해 각 장을 구성했다. 우선 로마제국을 시작으로 중세의 형성, 바이킹의 장거리 항해, 십자군의 동방원정, 화약무기의 영향 등 고대와 중세의 주요 사건들을 다룬다. 다음으로 이슬람 노예 왕조의 흥망, 산업기술의 전파, 대양 항해 능력의 변화, 종교박해가 낳은 이민, 후진국 러시아의 서구화 노력과 같은 대항해시대와 중상주의 시대의 분기점들을 살펴본다. 18세기에 시작된 공업화와 관련해서는 각국의 시민혁명, 발명과 혁신의 비결, 표준화를 둘러싼 공방을 추적하고, 이어서 본격적으로 세계화가 가속화된 19세기 후반에 대해서는 자연재해에 대한 대응, 대운하의 물류혁명, 전신선이 촉발한 통신 혁신, 이민을 둘러싼 갈등, 자유무역과 보호무역의 충돌, 제국주의를 둘러싼 논쟁, 동아시아의 패권경쟁을 논의한다. 마지막으로 20세기에 들어서서는 대공황으로부터의 탈출전략과 케인스 경제학이 핵심적 주제다. 이상의 주제들을 통해 어느 시대에 세계화가 가속 · 감속 · 후퇴했는지, 그리고 세계화의 추세에 변화를 가져온 지리적 · 기술적 · 경제적 · 사회적 · 문화적 · 정치적 요인들은 무엇이었는지를 살펴볼 것이다. 이를 통해 위의 변화들이 우리에게 던져주는 시사점이 무엇인지를 되돌아보고자 한다. 특히 역사의 각 시점에서 인간이 어떤 행동을 선택하느냐에 따라 개인과 집단의 운명이 결정적으로 달라질 수 있음을 확인할 수 있을 것이다. 역사는 흘러간 과거사지만 그 사건이 발생한 시점에서는 '현재'의 절박하고 생생한 선택의 현장이었다는 점을 상기해야 한다.

이 책에 등장하는 비주얼 자료들은 수준과 종류가 무척 다양하다.

아우구스트 지거트, 「꼬마 미술 감상자의 부분」, 1863년
어린아이의 눈으로 보는 그림은 어른이 감상하는 그림과 다르다.

그림을 미적으로 감상하는 데에 이 책의 목적이 있는 게 아니기 때문에, 시대상을 보여줄 수 있는 비주얼 자료들을 가능한 한 다채롭게 모았다. 일부는 미술사 책에 등장하는 명작이지만 많은 수의 작품은 덜 유명한 작가가 그린 범작이고 심지어 일부는 졸작 수준이라는 평가를 들을 수 있는 그림도 있다. 종류 면에서도 채색화뿐만 아니라 드로잉도 있고, 역사화뿐만 아니라 인물화, 풍경화, 정물화 등을 모두 포함한다. 신문과 잡지에 실린 만평과 캐리커처, 광고와 포스터도 비중 있게 다룬다. 각종 지도와 설계도면도 두루 사용한다. 물론 사진 작품도 중요한 비주얼 자료로 취급한다. 지역적으로도 다양성을 중요시했다. 아시아와 유럽과 아프리카와 아메리카, 문화권으로는 기독교권과 이슬람권과 불교권과 유교권을 모두 아우르고자 신경을 썼다.

이 책의 각 장은 수수께끼로 시작된다. 첫 번째 그림을 자세히 살펴보면 그림 속에서 역사적 힌트를 찾을 수 있다. 미술사 책이 아니므로 전문가적 식견이나 감성이 필요하지 않다. 그저 호기심과 눈썰미만 있으면 된다. 비유하자면 어린아이의 눈으로 그림 자료를 이리저리 살펴보면 된다. 여기에서 얻어진 단서로 본격적인 이야기가 시작된다. 추가로 제시되는 비주얼 자료들을 이리저리 둘러보다보면 어느새 경제사의 세계로 한 걸음씩 들어가게 될 것이다. 가벼운 마음으로 옛사람들이 남겨놓은 비주얼한 수수께끼를 하나씩 풀어가면서, 우리의 역사에서 세계화의 변화를 이끈 사건들과 요인들에 대해 돌아보기 바란다. 우리가 어떻게 해서 오늘날의 우리로 만들어졌는가를 생각해보는 기회가 된다면 좋겠다.

이 책은 재작년에 출간한 『비주얼 경제사』의 후속편에 해당한다. 출간 후 꽤 많은 반응을 받았다. 다수의 신문과 잡지에 소개 글이 게재되었으며 학회지에도 서평이 실렸다. 공공도서관 · 기업 · 교육기관 · 지자체 등 여러 곳에서 상연 요청이 들어왔다. 오프라인 이외에 온라인 강의를 의뢰해온 곳도 많다. 중국과 대만에서는 책을 번역 출간을 하겠다는 반가운 소식을 전해 왔다. 신문사와 방송사 중에서도 관심을 표명해 온 곳이 적지 않았고, 새로운 프로젝트를 제안해 온 곳도 많았다. 이에 따라 나의 생활에도 다소간의 변화가 생겼고, 앞으로의 계획에 대해서도 생각이 많아졌다. 여러 분야에서 많은 분들이 관심을 보여주신 데에 고마움과 동시에 책임감도 그만큼 커졌다. 이번 책을 준비하는 동안 어깨가 무겁게 느껴진 것은 오십견 탓만은 아니었던 것 같다.

이 책은 2015년부터 2017년 초까지 『중앙선데이』에 연재한 '비주얼 경제사'에서 출발했다. 지면의 제약으로 게재하지 못했던 그림들을 새로 추려 60퍼센트 가량을 추가했고, 기존에 사용했던 그림 중 일부를 더 적절한 그림으로 교체했다. 내용면에서도 정확하지 못한 부분과 추가적 설명이 필요한 부분을 손봤다. 시대별로 중요한 사건과 인물에 대해 독자들이 공감할 수 있게끔 이야기를 전개하려고 나름의 애를 썼다. 각 장이 독립적인 주제를 다루기는 하지만 책 전체로는 독자들이 일관성을 충분히 느낄 수 있기를 바라는 마음이다. 특히 세계경제사의 장기적 흐름 속에서 각 사건이 갖는 의미를 명확히 보여주기 위해 노력했다.

한 권의 책이 세상에 나오려면 많은 분들의 도움이 있어야만 한다. 그림으로 경제사 읽기라는 도전적 시도가 최초로 현실화될 수 있게 도와주신 중앙일보의 정경민 기획조정 담당, 뒤를 이어 정성껏 지면을 꾸며주신 김종윤 경제부장, 새 담당자로서 노고를 아끼지 않으신 김창우 중앙선데이 에디터, 그리고 꾸준한 관심을 보내주신 이정민 편집국장님께 깊은 고마움을 전하고 싶다. 내 직장의 동료교수님들은 따뜻한 시선으로

내 작업을 지켜봐주셨다. 때로는 열혈 독자가 되어주기도, 때로는 오류를 지적해주기도, 때로는 새로운 주제를 제안해 주기도 하셨다. 특히 해외에서 화보를 직접 구해주신 김호연 교수님께는 고마움을 잊을 수 없다. 이분들의 지지와 격려가 없었다면 글쓰기가 훨씬 외로운 작업이었을 것이다. 책을 완성시켜 준 아트북스에도 감사를 드린다. 우리나라에서 손꼽히게 멋지고 우아하게 출판을 하는 아트북스에 제작을 맡기면 마음이 저절로 편안해진다. 책이 훌륭한 모습으로 탄생할 것이라는 확신이 들어서다. 복귀하신 손희경 편집장님, 그리고 제작과 마케팅 담당자분들께 각별히 감사한다. 마지막으로, 유능한 조언자이자 글쓰기 동료인 아내와 기발한 아이디어를 툭툭 던져주곤 하는 딸내미에게 고마운 마음을 전한다.

2017년 5월

혜화동 연구실에서

송병건

차례

고대부터
중세까지

─────

세계화의
첫걸음

팽창을 멈추면
쇠퇴가 시작된다

노예제와 고대 로마의 몰락

도1-1

찰스 바틀릿, 「로마의 포로들」,
1888년

웅장한 대리석 건물의 계단에 벌거벗은 차림의 어린아이들이 앉아 있다. 그들에게 로마의 한 군인이 다가와 웃는 표정으로 석류를 건넨다. 하지만 아이들의 동작과 표정에는 거부와 불신, 그리고 슬픔이 보일 뿐이다. **이 아이들은 어떤 신분일까? 이들에게는 어떤 미래가 기다리고 있을까? 로마제국에는 항상 이런 아이들이 넘쳐났을까?**

이 그림도1-1은 영국 화가 찰스 바틀릿Charles Bartlett, 1860~1940이 그린 「로마의 포로들」이다. 그림 속의 아이들은 누구일까?

건물 위쪽에서 벌어지고 있는 상황이 결정적인 힌트다. 창을 든 로마 병사들이 사내들을 강제로 끌어가고 있다. 그 왼편에는 붉은 옷의 인물이 끌려온 사내들을 여러 사람들에게 내보이고 있다. 경매를 통해 노예를 판매하는 현장이다. 그림의 주인공인 아이들도 곧 경매대에 오르게 될 것이다. 형제간인 듯 보이는 아이들은 곧 구매자들의 손에 이끌려 뿔

뿔이 흩어지게 될 운명이다. 그러고 보면 참 잔인한 그림이다. 노예의 처지가 되어 치욕스럽고 불확실한 미래를 맞게 된 아이들의 두렵고 심란한 표정과 석류를 건네는 군인의 미소가 불편한 대조를 이룬다.

그림에 등장하는 예비 노예들이 모두 백인인 점도 흥미롭다. 약 1,500년 후 대항해시대가 개막하고 나서 아메리카 대륙에서 노역을 한 노예는 거의 모두 아프리카에서 잡혀온 흑인들이었지만, 고대 로마의 노예는 인종을 가리지 않았다. 노예의 자식으로 태어난 사람, 채무를 갚지 못해 예속적 신분으로 전락한 사람, 해적에게 붙들려 팔려온 사람, 그리고 전쟁에서 패배한 포로 등 누구든지 노예가 될 수 있었다. 이들은 나이, 성별, 건강상태 등에 따라 구분되어 팔려나갔다.

노예가 거래되는 모습을 묘사한 그림으로 가장 널리 알려진 것은 귀스타브 불랑제Gustave Boulanger, 1824~88의 작품일 것이다. 경매에 붙여질 일곱 노예가 단상에 있고 그 앞으로 경매인이 감정 없는 표정으로 앉아서 맨손으로 뭔가를 집어먹고 있다. 아마도 경매가 열리기 직전 짧은 식사시간인 듯하다. 노예 중 흑인을 제외한 백인들은 나이 차이에도 불구하고 대부분 생김새가 닮은 것으로 보아 한 가족인 것으로 보인다. 이들의 목에는 '상품'의 간략한 정보를 담은 팻말이 걸려 있다. 또한 그림에 등장하는 노예들은 하나같이 신체를 많이 드러내놓고 있다. 화가는 19세기 후반 프랑스 아카데미 미술이 원하는 취향에 맞춰 그림을 그렸으리라.

고대 로마에서 노예는 필수불가결한 존재였다. 로마의 경제는 노예

도1-2 　귀스타브 불랑제, 「노예시장」, 1882년경

들의 노동 없이는 지탱될 수 없었다. 노예의 수가 얼마나 되었을지는 정확히 알기 어렵다. 학자들은 제국 초기인 1세기에 이탈리아 인구의 약 3분의 1인 200만~300만 명이 노예였을 것으로 추정한다. 로마제국 전체로는 인구의 10퍼센트에 조금 못 미치는 500만~600만 명이 노예였다.

　　노예가 담당한 일은 다양했다. 어떤 노예는 부유한 로마 귀족의 저택에서 갖가지 가내노동에 종사했다. 다음에 나오는 벽화도1-3는 폼페이에서 발굴된 것으로 귀족의 집안에서 벌어지는 파티 장면을 보여준다.

도1-3　연회 장면을 묘사한 폼페이의 벽화, 1세기경

왼쪽의 어린 노예는 귀족의 신발을 닦아주고 있고, 가운데 노예는 술잔을 전달하고 있으며, 오른쪽 노예는 술에 취한 인물을 부축하고 있다. 이들은 평상시에 주로 가사노동에 종사했을 것이다. 물론 집 밖에서 일을 한 노예도 많았다. 일부는 수공업장, 광산, 건축 공사장 등에서 일했고 일부는 매춘에 종사했다. 각별히 뛰어난 신체조건을 가진 남성 노예는 검투사가 되기도 했다. 지적 능력이 남다르다고 평가된 노예는 교육이나 회계 일을 담당하기도 했다. 가장 많은 노예들이 일한 곳은 농업 부문이었다. 로마 귀족들은 라티푼디움latifundium이라고 불리는 대규모 농지에 노예를 투입해서 작물을 경작했다. 곡창지대인 시칠리아와 지중해 주변 지역의 대지주였던 이들에게 노예는 없어서는 안 될 생산수단이었다.

노예 집단이 형성되는 계기는 다양했지만 그중에서 새로운 노예를 공급하는 가장 중요한 원천은 바로 전쟁이었다. 예를 들어 갈리아를 정복한 후 율리우스 카이사르는 한 정복지의 5만 명이 넘는 주민 전체를 한꺼번에 노예경매 상인에게 팔아넘긴 것으로 기록돼 있다. 두 차례의 페니키아전쟁을 통해서 로마제국은 약 30만 명을 노예로 얻기도 했다. 이렇듯 로마제국이 정복을 이어가고 영토를 확장하는 한 노예 공급은 순조롭게 이뤄질 수 있었다. 하지만 아무리 전쟁에 능한 제국이라고 할지라도 어떻게 무한정한 확장이 가능하겠는가? 제국의 팽창에는 제한이 있을 수밖에 없다.

윌리엄 벨 스코트William Bell Scott, 1811~90의 다음 그림도1-4은 로마제국이 국경에 장벽을 구축하는 모습을 그린 작품이다. 영국 북부를 점

도1-4 윌리엄 벨 스코트, 「로마인들이 남쪽을 방어하기 위해 장벽을 쌓게 하다」, 1857년

령한 로마군의 젊은 백인대장百人隊長, centurion이 주민들에게 건설 작업을 지휘하고 있다. 화가는 2세기 로마제국의 변경邊境 모습을 사실적이면서 동시에 복고적인 느낌이 풍기도록 묘사했다. 눈을 부릅뜬 지휘관의 표정이 작업에 나서기 싫어하는 주민들에게 얼마나 먹혔을지 의문스럽다. 아마도 화가는 점령군 장교의 명령에 순순히 따르지 않는 영국 민초들의 저항정신을 표현하고 싶었나 보다. 제국의 중심에서와 달리 변경에서는 통치가 훨씬 힘들었음을 이 그림은 시각적으로 표현한 셈이다.

그렇다면 어느 범위까지 국경을 늘리는 것이 가장 바람직했을까? 과연 제국의 최적 규모는 얼마였을까? 전쟁에서 승리하면 얻게 되는 편익benefit이 있다. 전리품을 획득하고 점령지의 토지와 자원을 차지하고 세금을 징수할 수 있다. 국내의 여러 사회문제에 숨통을 터주는 효과도 있다. 하지만 영토 확장에는 비용cost도 따르기 마련이다. 군대를 무장하고 용병을 고용하는 비용, 전쟁에 의한 물적·인적 손실, 정복지의 유지 관리에 드는 비용 등이다. 지배자는 정복으로 새로 얻게 되는 편익이 새로 부담하게 되는 비용보다 크다고 확신이 들 때 진군나팔을 불게 된다. 현대 경제학의 용어를 쓰자면 '제국이 한 단위 확대될 때 추가로 발생하는 편익이 추가로 부담하게 되는 비용과 같은 수준이 되는 지점'이 제국의 최적 규모가 된다.

그러나 이런 계산법은 현실에서 유용한 잣대가 되기 어렵다. 무엇보다도 전쟁의 결과를 예측하기 어렵기 때문이다. 전쟁이 얼마나 오래 지속될지, 전쟁에서 최종적으로 승리할 수 있을지, 나중에 반란은 없을

지 등 다양한 변수들이 존재한다. 동맹국들의 동정, 국내의 정치상황, 지도자로서의 위신 등도 중요한 변수가 될 수 있다. 이런 불확실성이 클수록 '비용-편익분석법'의 효용은 떨어질 수밖에 없다.

고대 로마의 역사로 돌아가 보자. 로마의 영토는 기원전 2세기부터 크게 확장됐다. 기원전 31년 내전을 승리로 장식한 옥타비아누스는 스스로를 '아우구스투스'(존엄한 자)라고 칭하고는 실질적인 황제가 됐다. 그는 막강한 군사력을 바탕으로 영토 확장을 계속했다. 그러나 영원히 승승장구할 것만 같았던 로마 군대는 기원후 9년 게르만족과 벌인 전쟁에게 크게 패한다. 이른바 토이토부르크 숲 전투 혹은 바루스 전투라고 불리는 싸움이 결정적이었다. 로마가 라인 강 너머 게르마니아 상부까지 제국의 영토를 확장하고자 벌인 전투였다. 로마 장군 바루스가 이끄는 세 개 군단은 아르미니우스가 이끄는 게르만 매복부대의 공격을 받아 처참하게 패했다. 무려 2만 명에 가까운 병사가 목숨을 잃었다.

「바루스 전투」도1-5는 1909년 독일 화가 오토 알베르트 코흐Otto Albert Koch, 1866~1920가 그린 토이토부르크 숲 전투 장면이다. 중무장한 로마 군대를 훨씬 가볍게 무장한 게르만 군대가 제압하고 있다. 날개 장식의 투구를 쓰고 병사들을 이끄는 아르미니우스가 그림의 중앙에 배치되어 있다. 19세기 후반과 20세기 초반 독일에서는 민족주의 열풍이 뜨거웠다. 뒤늦은 정치적 통일을 배경으로 공업화와 군사화에 박차를 가하던 시기였다. 선발 공업국들을 제치고 신흥강국으로 도약하겠다는 국민적 열망은 민족주의를 연료로 삼아 뜨겁게 불타올랐다. 화가는 이 시대

도1-5 오토 알베르트 코흐, 「바루스 전투」, 1909년

적 분위기를 가득 담아 게르만의 영광스런 과거를 화폭에 재현했다.

전투를 시작할 때 아우구스투스는 과연 비용-편익분석법을 염두에 두었을까? 주먹구구식으로나마 계산을 해봤을 수는 있겠지만, 전투에서 대패한 걸 보면 그의 예측이 어긋났음이 분명하다. 어쨌든 이 전투에서의 패배로 로마제국의 팽창은 실질적으로 끝이 났다. 3세기까지 제국의 국경이 약간 더 확장되긴 했지만, 라인 강은 '문명세계'인 로마와 그 외부의 '야만세계'를 나누는 확정적 경계선으로 자리 잡았다.

그 후 노예제는 어떻게 되었을까? 노예 공급이 차단되자 제국 경제가 흔들리기 시작했다. 이에 대응해 노예에게 쉽게 자유권을 부여하지 못하도록 법적 제약이 가해졌다. 또 도망간 노예를 끝까지 추적해 잡아오는 사례가 증가했다. 그러나 이런 조치만으로 흔들리는 노예제를 붙잡을 수는 없었다. 라티푼디움을 운영하던 대지주들은 필요한 노동력을 확보하기 힘들어졌다. 결국 라티푼디움은 분할되어 콜로누스colonus라고 불리는 소작인에게 대여되었다. 자유민 신분이었던 소농민들 중에서는 증가하는 세금 부담과 치안 불안을 피해 유력한 대지주 아래로 자발적으로 들어가 소작인이 되는 이도 있었다. 노예였다가 신분이 상승한 사람이 소작인으로 흡수되기도 했다. 이런 변화 속에서 대지주는 노동력을 확실하게 잡아두기 위해서 콜로누스를 토지에 묶어 자유 이동을 금지시키고 예속관계를 세습화했다. 중세 유럽의 대표적 생산자인 농노가 이런 과정을 통해 탄생하게 된다.

고대 로마의 경제적 번영은 대규모 노예 집단이 없었다면 이루어지지 못했을 것이다. 수많은 사회적·문화적 성과도 노예제를 기초로 이룩된 것이었다. 이 노예제는 공화정 시대부터 계속된 확장전쟁 덕분에 유지될 수 있었다. 로마가 팽창을 멈추자 노동이 희소해지면서 경제기반이 흔들리기 시작했다. 결국 지중해와 유럽의 광대한 지역을 호령했던 대제국 로마는 재정이 악화되면서 스스로 국경을 방위하는 것조차 버거운 상황으로 몰렸다. 로마의 법이 곧 광역적 질서가 되는 '팍스 로마나 Pax Romana' 시대를 열었던 로마, 이를 통해 국지적 세계화의 선봉장 역할을 했던 로마가 붕괴함으로써 유럽은 전혀 새로운 상황을 맞게 된다. 소규모의 파편화되고 분권화된 형태의 중세사회가 시작된 것이다. 유라시아의 반대편 동아시아에서는 로마와 견줄만한 대제국 한나라가 멸망한 이후에도 거대한 제국들이 차례로 등장한 사실과 뚜렷한 대조를 이루는 흐름이다.

훈족과 게르만족의
도미노 효과,
유럽 중세를 만들다

봉건제 질서의 탄생

도2-1

조제프노엘 실베스트르,
「야만족에 의한 로마의 함락,
410년」, 1890년

근육질의 사내 둘이 대리석 조각상의 목에 밧줄을 걸고 있다. 로마 황제의 석상이다. 눈부시게 새하얀 석상과 사내들의 구릿빛 육체가 강렬한 대조를 이룬다. 아래쪽에서는 다른 사내들이 밧줄을 잡아당기려 하고 있다. 뒤로는 대장으로 보이는 인물이 말 위에서 이 작업을 지켜보고 있다. 다른 이들은 횃불과 창을 들고 방화와 약탈에 몰두하고 있다. 이들 역시 배경을 이루는 건물들이 풍기는 웅장하고 질서정연한 분위기와 대조적이다. **이 그림은 어떤 역사적 사건을 소재로 한 것일까?**

이 그림도2-1은 프랑스의 화가 조제프노엘 실베스트르Joseph-Noël Sylvestre, 1847~1926가 그린 「야만족에 의한 로마의 함락, 410년」이다. 19세기 말에 유행한 대형 '공식화'로, 이런 그림을 '라르 퐁피에르L'art pompier'라고 부른다. '소방관 미술'이라는 뜻인데, 당시 소방관의 헬멧이 그리스 시대의 헬멧과 비슷하게 생겨서 붙은 이름이라고 한다. 부르주아 계층의 기호에 맞춰 제작된, 지나칠 정도로 힘이 들어간 대형 역사화를 비꼬듯이 부르는 명칭이다. 이 그림은 410년 서로마가 서고트족의 침략을 받는 모습을 묘사한다. 알라리크 1세Alaric I가 이끄는 서고트족 군대가 로마를 공격해 점령하고 약탈을 했다. 로마로서는 800년 만에 처음으로 함락당하는 치욕스런 순간이었다.

5세기 초까지 로마제국의 국경 바깥으로는 로마인들이 '야만인'이라고 부른 여러 인구집단들이 살아오고 있었다. 제국 북쪽에 거주하는 이들을 총칭해 게르만족이라고 부르는데, 역사가들은 이것이 혈연적이거나 인종적인 집단을 의미하지는 않고 문화적·언어적 혹은 정치적인 유사성에 기초한 '느슨한' 분류라고 말한다. 서고트족은 이런 게르만족 가운데 하나로, 주로 다뉴브 강과 흑해 주변을 근거지로 삼아 살아왔다. 로마인들이 이들을 제국의 질서 밖에 존재하는 야만인으로 인식했던 역사는 1,500년이 흐른 뒤에도 계속되어 이 그림에 자취를 남겼다. 화가는 로마제국이 쌓아올린 '문명'과 침략자들의 '야만'을 극명하게 대조시켰다. 대제국의 수도를 점령한 서고트족은 벌거벗은 차림에다 싸움에만 능할 뿐 우아한 건축물과 조각품은 안중에 없던 문명파괴자로 그려졌다.

410년의 사건을 다른 방향에서 그린 작품도 있다. 「호노리우스 황제의 애완조」도2-2는 라파엘전파에 몸을 담았던 화가 존 윌리엄 워터하우스 John William Waterhouse, 1849~1917가 그린 로마 황실의 모습이다. 붉은 옷을 입은 황제 호노리우스가 왕좌에 앉아서 양탄자 위에서 모이를 먹고 있는 비둘기들을 내려다보고 있다. 오른손으로 모이를 한 줌 쥐어 비둘기에게 주는 동작이다. 흰 옷을 입은 신하들이 급히 황제에게 달려와 로마가 방금 명을 다했다고 아뢴다. 황제는 뭐라고 대답했을까? "내

도2-2 존 윌리엄 워터하우스, 「호노리우스 황제의 애완조」, 1883년

손에서 방금 모이를 먹었는걸." 황제는 로마라는 이름의 비둘기를 생각하고 있었던 것이다. 신하들이 야만 군대에 의해 제국의 수도 로마가 무너졌다고 정정 보고를 한다. 그러자 황제는 안도의 한숨을 쉬며 말한다. "난 또 내 애완조가 죽은 줄 알았네." 로마 말기 무능하고 무기력했던 황제들 가운데 한 명으로 기억되는 호노리우스의 일화가 사실에 입각한 것이었는지는 불확실하다. 『로마제국 쇠망사』의 저자 에드워드 기번Edward Gibbon, 1737~94의 판단처럼 이 일화는 실제로는 일어나지 않았을 가능성이 높다. 그러나 로마제국 말기의 분위기를 훗날 사람들이 어떻게 이해했는가를 잘 보여주는 그림인 것은 분명하다.

게르만족이 로마제국을 괴롭힌 것은 410년이 처음이 아니었다. 4세기부터 제국은 흔들리기 시작했다. 378년 로마의 허락을 받고 제국 내부에서 거주하던 서고트족이 반란을 일으켜 대규모 로마군을 괴멸했다. 한편 쇠약해진 로마제국은 395년 서로마와 동로마로 나뉘게 되었다. 406년에는 반달족, 수에비족, 알란족이 얼어붙은 라인 강을 건너 서진해서 갈리아를 초토화시켰다. 부르군트족과 프랑크족도 갈리아를 침략하고 자신들의 왕국을 건설했다. 반달족은 계속 이동했다. 지도자 가이세리크Gaiseric는 428년에 8만 명의 부족민을 이끌고 북아프리카로 이동했고, 이어서 아프리카 북단으로 진출해 반달왕국을 건설했다. 반달족은 439년 카르타고를 점령한 데 이어, 시칠리아, 사르디니아, 코르시카, 몰타를 차례로 점령하면서 서지중해 전역을 장악하는 데 성공했다. 반달족의 정복사는 455년 이들이 마침내 로마를 점령하고 약탈함으로써 완성됐다.

「로마의 약탈 455년」도2-3은 러시아 화가 카를 브튤로프Karl Bryullov, 1799~1852가 특유의 현란한 색조로 묘사한 반달족의 로마 약탈 장면을 담고 있다. 이 그림에서도 첫 번째 그림도2-1과 마찬가지로 '야만'과 '문명'의 대조가 두드러진다. 특히 흰 피부의 로마 여성들과 이들을 끌고 가는 짙은 피부의 약탈 부대원들이 극명한 대조를 이룬다. 그림의 오른편에는 교황이 마치 유령처럼 희미한 모습으로 서 있다. 화면의 인물들에게 교황은 존재하지 않는 듯이 느껴질 지경이다.

이상에서 살펴본 것과 같이 4~5세기에 걸쳐 유럽 전역에서 게르만족의 대이동이 전개되었고, 결국 서로마는 476년 게르만족 용병대장 오

도2-3 **카를 브륄로프, 「로마의 약탈 455년」, 1833~36년**

도아케르에 의해 멸망했다. 그렇다면 게르만족은 애초에 왜 로마제국을 공격한 것일까? 이들은 적극적이고 주도적으로 공격을 결정한 것이 아니었다. 중앙아시아 스텝지대로부터 훈족이 서쪽으로 세력을 확장함에 따라 압박을 받았기 때문에 어쩔 수 없이 이동을 결심하게 되었다. 훈족이 동아시아 역사에 등장하는 흉노족과 동일한 집단인가에 대해서는 역사가들의 의견이 일치하지 않는다. 그러나 훈족이 초원생활에 익숙하고 전투능력이 뛰어난 기병을 거느렸다는 점은 모두가 인정한다. 4세기 중반 훈족은 근거지였던 볼가 강 동부를 벗어나 서쪽으로 진행해 약탈과 정복을 시작했다. 제일 먼저 알란족을 격파했고 이어서 슬라브족과 동고트족을 희생시켰다. 서고트족을 포함한 여러 게르만족은 가공할 전투력을 과시한 훈족을 피해서 남쪽과 서쪽으로 이동하기로 결심했다. 감염병과 반란과 경제 후퇴로 이미 쇠약해지고 있던 로마제국은 이들의 침투를 막아내기 어려웠다.

훈족의 전성기는 강력한 지도자 아틸라가 활약한 5세기 전반이었다. 그는 지금의 루마니아에서 시작해서 동쪽으로 카스피 해, 서쪽으로 라인 강에 이르는 광대한 제국을 건설했다. 초기에 훈족은 게르만족을 떠밀어 이주시키는 역할만을 했지만, 아틸라가 이끄는 훈족은 직접 동서 로마제국을 공격했다. 그들은 동로마를 공격해 여러 도시를 함락시키고 공납을 강요했고, 서로마를 치기 위해 갈리아의 오를레앙까지 진격했다. 아틸라의 갑작스런 죽음으로 훈족의 전성시대는 끝을 맺었지만, '야만인' 아틸라가 가했던 무시무시한 위협은 서유럽 인들의 뇌리에 깊이 각인되었다. 오른쪽 그림도2-4은 낭만주의를 대표하는 화가 외젠 들라크루아Eugène Delacroix, 1798~1863가 그린 아틸라의 모습이다. 늑대 가죽을 뒤집어쓰고 말 위에서 철퇴를 휘두르는 거친 전사의 모습이 강렬한 색깔로 묘사되어 있다. 흥미롭게도 이 그림에서 야만성은 경멸과 두려움의 대상이 아니라 이국적인 매력을 내뿜는 요소로 다가온다. 자세한 기록이 남아 있지 않은 역사적 인물을 뛰어난 상상력과 표현력으로 새롭게 부활시

도2-4　외젠 들라크루아, 「이탈리아와 예술품들을 유린하는 아틸라 부대」의 부분, 1838~47년

킨 화가의 재주가 참으로 놀랍다.

훈족과 게르만족이 만들어낸 도미노 효과는 유럽을 어떻게 변모시켰을까? 동로마제국은 쇠망의 위기를 벗어나 천 년이나 역사를 더 끌어가게 되었지만, 서로마제국은 회복이 영영 불가능한 상태를 맞았다. 그리고 서로마제국이 사라진 자리에 새로운 중세적 질서가 형성되어 갔다. 새 질서의 핵심은 '제국 없는 통치'였다. 모든 제국은 영토 전역에서 조세를 수취하여 재정 기반을 마련하고 이를 바탕으로 군대와 관료를 파견하여 통치하는 구조를 가진다. 그런데 서로마제국이 붕괴하여 체계적으로 조세를 수취하지 못하게 되자 국방과 치안을 확보할 길이 막막해졌다. 지역의 유력자들이 안전을 도모하기 위해서 취할 수 있는 선택은 개인적으로 무력을 갖추는 방법뿐이었다. 그래서 탄생한 것이 봉건제 feudalism였다. 봉건제는 주군(상급영주)과 가신(하급영주)이 맺는 쌍무적 관계를 의미했다. 외부 세력과 물리적 충돌이 우려되는 상황이 발생하면 주군은 가신에게 기사로서 출병할 것을 요청할 권리를 가지며 이런 충성의 대가로 봉토를 가신에게 제공하는 형태였다. 안전이라는 공공재를 제공할 국가가 존재하지 않는 환경에서 민간 부문이 스스로 무력을 확보하는 수단으로 발전시킨 제도가 봉건제였다. 주군 한 명은 여러 가신을 두었고, 가신은 다시 더 작은 여러 영주들의 주군 역할을 했다. 그리고 이 모든 영주들의 토지를 예속적 존재인 농노가 경작했다. 이리하여 최상위 주군에서 최하위 농노에 이르는 피라미드형 사회구조가 짜였다.

유럽을 둘러싼 군사적 위협은 쉽게 사그라지지 않았다. 오히려

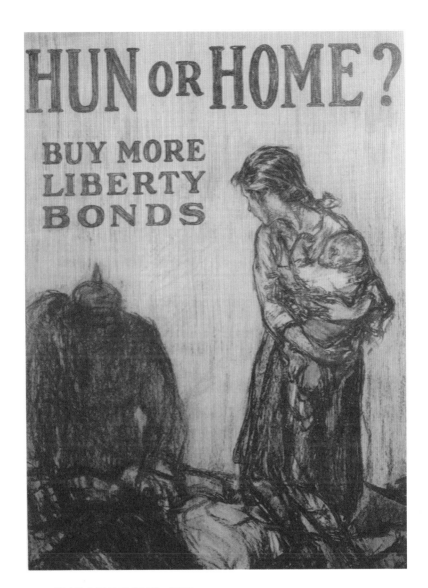

도2-5 헨리 롤리, 「훈족 아니면 홈?」, 1918년

8~10세기에 압박의 강도가 높아졌다. 남쪽에서 이슬람 세력이 치고 올라왔고, 북쪽으로부터 바이킹족의 공세가 이어졌으며, 동쪽에서는 마자르족이 침략하면서 공납을 요구했다. 봉건제가 유럽사회의 기본적 질서로 자리를 잡을 수밖에 없는 여건이었다. 훗날 화약무기가 도입되어 기사의 군사적 가치가 떨어질 때까지 봉건제는 계속되었다.

훈족이 남긴 인상이 깊어서였는지 훈족에 대한 언급은 20세기까지도 이어졌다. 1900년 중국에서 의화단 봉기가 일어나자 독일 황제 빌헬름 2세는 "천 년 전 아틸라가 이끈 훈족의 명성이 전설이 되었던 것처럼" 중국인들을 가차 없이 혼쭐내라고 군대에게 명했다. 제1차 세계대전이 발발하자 영국은 독일과 선전전을 뜨겁게 벌였는데, 이때 빌헬름 2세의 언급을 이용해 독일인을 훈족에 비유하자는 아이디어가 등장했다. 앞의 포스터^{도2-5}는 헨리 롤리 Henry P. Raleigh, 1880~1944가 제1차 세계대전 당시 공채 판매를 독려하기 위해 제작한 포스터다. 시커먼 형상의 괴물이 어린 아기를 안은 젊은 여인을 위협하고 있다. 남편으로 보이는 인물은 이미 희생되어 괴물의 발아래 놓여 있다. 괴물은 정수리에 꼬챙이가 달린 피켈하우베 pickelhaube라는 투구를 쓰고 있다. 당시 독일군이 착용한 이 투구는 옛날 훈족이 썼던 것과 비슷한 형태였기 때문에 비유의 대상으로 삼기에 적당했다. 독일이 곧 야만을 의미한다는 이미지화 작업은 이렇게 완성되었다. 중세 초에 게르만족과 훈족은 대립하는 관계였지만 20세기 초 정치적 프로파간다에서는 역사적 실체는 중요하지 않았다. 비주얼화한 이미지만이 중요할 뿐이었다.

바이킹,
콜럼버스보다
500년 앞서
아메리카에 상륙하다

바이킹의 장거리 항해

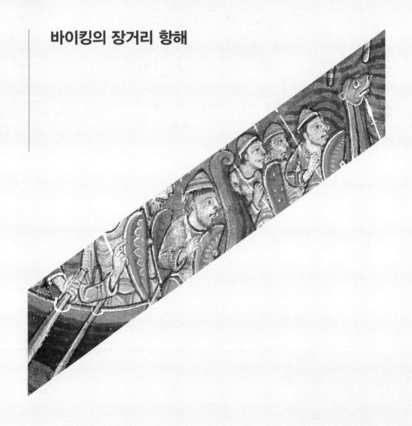

도3-1
●
크리스티안 크로스,
「레이브 에릭손, 미국을 발견하다」,
1893년

험한 파도가 몰아치고 바람이 거세게 부는 바다를 뚫고 목선木船이 나아가고 있다. 배 위에는 모두 여섯 명의 사내가 있다. 대장으로 보이는 노란 옷의 건장한 사내가 손가락으로 먼 곳을 가리키고, 몸집이 작은 아이가 같은 방향을 바라보고 있다. 나머지 거친 모습의 네 어른 중 한 명은 대장이 있는 쪽으로 발을 성큼 내딛고 있다. 그의 손에는 투구가 들려 있다. **이 그림은 어느 시대의 어떤 상황을 묘사한 것일까?**

이 그림 「레이브 에릭손Leiv Ericsson, 미국을 발견하다」도3-1는 노르웨이 화가 크리스티안 크로그Christian Krohg, 1852~1925의 작품이다. 19세기 말 노르웨이에서는 화풍의 유행이 낭만주의에서 사실주의로 옮겨가고 있었는데, 이 그림에서도 이 두 가지 화풍이 모두 느껴진다. 그림을 자세히 보면 노란 옷의 사내가 가리키고 있는 쪽에 육지가 보인다. 아메리카 대륙을 '발견'하는 역사적 순간이다.

에릭손은 누구일까? 그는 1001년경에 탐험대를 이끌고 그린란드를 떠나 서쪽으로 나아간 끝에 오늘날 아메리카 땅인 뉴펀들랜드에 도달한 인물이다. 그는 도착지를 빈란드Vinland라고 명명했다. 이탈리아 제노바 출신의 콜럼버스가 머나먼 항해를 한 끝에 지금의 서인도제도에 도착한 해가 1492년이니, 에릭손은 그보다 5세기나 앞서서 아메리카에 상륙한 유럽인이었던 것이다.

에릭손과 그 일행은 바이킹이었다. 흰 피부에 건장한 체격을 지닌 바이킹은 스칸디나비아 반도를 중심으로 활동한 민족이었다. 이들은 중세 유럽 전역을 피로 물들인 잔인한 약탈자로 악명을 떨쳤다. 원추형 투구와 위쪽이 둥글고 아래쪽이 좁은 방패가 호전적 침략자 바이킹의 상징이었다. 앞의 그림도3-1에서 이마가 넓은 이가 들고 있는 것이 이 투구이고, 배 바깥쪽으로 줄지어 걸려 있는 둥근 물체들이 이 방패들이다. 그러나 바이킹을 치고 빠지기 스타일의 약탈자로만 보아서는 안 된다. 현대의 여러 역사가들은 바이킹이 약탈만이 아니라 정복과 정착을 통한 장기적 통치에도 능했다고 말한다. 또한 이들이 전투에서뿐 아니라 교역에서도 발군의 실력을 보였다고 한다. 바이킹의 실제 모습을 어떠했을까?

바이킹의 전성기는 8~11세기였다. 793년 바이킹 전사들을 가득 실은 배들이 영국 북동부의 린디스판을 공격했다. 그들은 수도원을 약탈하고 보물을 빼앗고 수도사들을 죽이거나 노예로 잡아갔다. 이것이 약탈자 바이킹의 본격적 시작이었다. 이후 바이킹은 영국의 해안지역에 자주 출몰했다. 그들은 재빨리 공격한 후 전리품을 챙겨 신속하게 사라지는 전략을 구사했다. 하지만 영국 방어체계의 취약점을 확인하자 점차 잉글

도3-2 영국 해안에 상륙하는 바이킹, 필사본 『성 에드먼드의 생애』, 1130년경

랜드 북부와 동부 지역을 점령하고 정착한 후 주민들을 통치하는 길로 나아갔다. 이 지역을 데인로Danelaw라고 불렀다.

중세 필사본 『성 에드먼드의 생애』의 한 페이지도3-2는 9세기에 영국 해안에 상륙하는 바이킹을 보여준다. 앞서 설명한 투구와 방패가 보인다. 이들이 탄 배는 롱쉽longship이라 불렸는데, 배의 양쪽 끝이 위로 솟은 날렵한 유선형 선체가 특징적이었다. 롱쉽은 빠를 뿐만 아니라 먼 바다 항해와 해안 접근에 모두 유용했다. 또한 노 젓는 방향만 반대로 하면 배가 전진하는 방향을 거꾸로 바꿀 수 있는 장점이 있었다.

영국을 공략한 후 바이킹은 남쪽으로 눈을 돌렸다. 885년 그들은 센 강을 타고 오늘날의 프랑스 내륙으로 들어가 파리를 포위하였다. 우여곡절 끝에 파리는 겨우 함락을 피했고 바이킹은 외곽으로 물러났다. 하지만 노르만('북쪽 사람')이라고 불린 이들의 위세는 여전했다. 이들은 프랑스의 북부와 서부 해안지방을 지속적인 약탈의 대상으로 삼았다. 900년경에는 센 강 유역에 항구적 거점을 구축하기에 이르렀다. 이 지역이 오늘날 노르망디라고 불리는 곳이다. 「9세기 노르망디의 해적들」도3-3은 이 시대에 있었음직한 상황을 상상해 그린 프랑스 화가 에바리스트 비탈 뤼미네Évariste Vital Luminais, 1821~96의 작품이다. 웃옷이 다 벗겨진 건강한 금발 여인을 두 명의 바이킹 약탈자가 둘러메고 해안가에 정박한 배를 향해 걷고 있다. 끌고 가는 자들과 끌려가는 자의 몸동작이 마치 영화의 한 장면처럼 생동감 넘친다. 911년, 프랑스 국왕은 노르만 인들에게 북부지역의 넓은 땅을 봉토로 하사하고 대표자에게 노르망디 공

도3-3 에바리스트 비탈 뤼미네, 「9세기 노르망디의 해적들」, 19세기 말

작의 작위를 수여함으로써 평화를 얻게 되었다. 이렇게 건설된 노르망디 공국에서 노르만 인들은 기독교로 개종하고 프랑스어를 사용하면서 스칸디나비아와는 구별되는 문화를 형성해갔다.

바이킹의 해양 진출은 영국을 넘어 서쪽으로 계속 이어졌다. 스칸디나비아 본국에서 '금발왕 하랄'이 경쟁 관계의 수장들을 제거해 간 것이 계기였다. 불안을 느낀 수장들은 지지 세력을 이끌고 새 땅을 찾아 떠났다. 870~930년 사이에 1만 명이 넘는 이주민이 노르웨이 지역을 떠나 아이슬란드에 정착했다. 그러나 시간이 흐르자 아이슬란드에서도 정착민에게 나눠줄 토지가 부족해졌고 정착민 간의 갈등이 격화되었다. 982년 아이슬란드에서 살인죄로 3년의 해외 추방형을 언도받은 '붉은 머리 에리크Erik the Red'는 서쪽 바다로 더 나가보기로 마음먹었다. 수백 킬로미터의 항해 끝에 그는 얼음에 뒤덮인 땅을 발견해 그곳에서 추방 기간을 보냈다. 이때의 생활이 나쁘지 않았던지 그는 이후 아이슬란드로 돌아와 자신이 발견한 섬으로 옮겨갈 이민자를 모집했다. 그가 '그린란드Greenland'라는 매력적인 이름을 붙인 때문인지 희망자가 많았다. 결국 986년 약 400명의 이민자가 그린란드에 도착해 정착 생활을 시작하게 되었다. 그로부터 10여 년 후에 서쪽으로 탐험을 계속해 결국 북아메리카에 상륙한 에릭손은 바로 붉은 머리 에리크의 아들이었다.

한편 영국에서는 왕권을 놓고 잉글랜드 국왕 해롤드 고드윈슨Harold Godwinson, 노르웨이 국왕 하랄 하르드라다Harald Hardrada, 노르망디 공국의 정복왕 윌리엄William the Conqueror이 치열하게 다투었다. 해롤드는 하랄을 꺾었지만, 1066년 영국 남부 헤이스팅스에서 벌어진 전투에서 윌리엄에게 패배했다. 이 역사적 전투는 바이외 태피스트리Bayeux Tapestry도3-4라는 작품에 잘 묘사되어 있다. 폭 50센티미터, 길이 70미터에 이르는 긴 천에 1066년 헤이스팅스 전투 장면을 수놓은 작품이다. 태피스트리라면 날실을 팽팽하게 건 후 색깔 있는 씨실을 짜넣는 방식으

도3-4 영국왕 해롤드가 노르만 군에게 죽음을 당하는 모습, 「바이외 태피스트리」, 1070년경

로 제작된 직물을 일컫는데, 바이외 태피스트리는 자수embroidery 방식으로 제작한 것이므로 엄밀히 말해 태피스트리는 아니다. 이 작품에는 총 58장면이 묘사되어 있는데, 위의 그림이 그 가운데 하나다. 영국의 왕 해롤드가 노르만 군이 쏜 화살에 맞아 부상을 당한 모습이 보인다. 한 손으로 눈에 꽂힌 화살을 뽑으려는 동작이 실감난다. 위로는 라틴어로 '해롤드 왕이 죽음을 당하다'라는 문구가 새겨 있다. 1066년 노르만의 승리

는 영국 역사에서 중대한 전환점이라는 평가를 받는다. 지배계급이 앵글로색슨 귀족에서 노르만 정복세력으로 이동했으며, 관직, 토지, 교회도 모두 후자의 통제에 놓이게 되었다. 프랑스어와 프랑스 문화가 영국 상류층을 통해 사회 전체로 확산되는 계기가 되기도 했다. 최하층을 이루던 노예가 사라지고 농노가 생산 활동의 담당자로 자리를 잡았다. 이 모든 변화가 헤이스팅스전투의 결과에서 비롯되었다.

서쪽과 남쪽으로 향한 바이킹이 노르웨이 출신이었다면, 동부로 떠난 바이킹은 주로 스웨덴 출신이었다. 9세기 후반 류리크Ryurik라는 바이킹이 러시아 서부의 노브고로트를 지배하게 된 사건을 계기로 수많은 바이킹이 키예프를 포함한 슬라브계 영토로 쏟아져 들어갔다. 이들을 '루스Rus'라고 불렀는데, 이것이 '러시아'의 기원이 된다. 이후 루스는 러시아의 중추적 지배세력으로 성장했다. 이들은 무역에 관심이 많았으므로, 강줄기들을 타고 멀리 떨어진 지역까지 찾아가는 수고를 마다하지 않았다. 드네프르 강을 따라 흑해까지 가서 비잔틴제국의 수도 콘스탄티노플에 이르기도 했고, 볼가 강을 따라 카스피 해에 도착하여 이슬람 상인들과 거래하기도 했다.

오른쪽 그림도3-5은 러시아에서 활동하던 바이킹 무역상의 모습을 보여준다. 스웨덴의 작가 올라우스 망누스Olaus Magnus, 1490~1557가 16세기에 기술한 『북방민족의 역사』에 등장하는 그림이다. 그림에 묘사된 바이킹은 강을 운항하다 육지를 만나면 짐을 내리고 배를 끌어올려 육상에서 운반하는 강인함을 보여준다. 한 이슬람 역사서는 이들을 '종려나무

도3-5 올라우스 망누스, 『북방민족의 역사』(1555년)의 삽화

처럼 큰 키에 머리는 금발이고 얼굴은 붉은' 사람들이라고 묘사했다. 바이킹은 종종 약탈을 자행하기도 했지만, 장기적으로 보면 교역이 이들에게 더 중요한 활동이었다. 서유럽과 이슬람 세계를 잇는 중요한 통로였던 비잔틴제국과 슬라브 지역에서 바이킹은 경제적 교류의 주체로서 매우 중요한 역할을 담당했다. 그들은 은, 비단, 향신료, 와인, 도기 등을 구매하고 모피, 주석, 꿀, 바다코끼리의 상아 등을 판매했다. 노예도 중요한 교역품이었다. 바이킹이 없었더라면 유럽 전 지역을 단일한 무역망으로 묶는 국지적인 세계화는 달성될 수 없었을 것이다.

아메리카에 도착한 바이킹들은 훗날 어떻게 되었을까? 탐험대장

에릭손은 아메리카의 빈란드에 상륙한 이듬해에 고향 그린란드로 돌아갔다. 이후 이민을 희망하는 그린란드 사람들이 빈란드로 옮겨가 정착 생활을 시작했다. 그러나 이 새로운 생활은 20년을 채 넘기지 못했다. 그곳에 이미 살고 있던 원주민들과 싸움이 벌어졌기 때문이다. 아메리카는 원주민들이 세대를 거듭해 살아온 터전이었지 유럽인이 '발견'할 대상물이 아니었다. 바이킹 이주민들은 그들이 스크라일링 Skræling ('못생긴 사람'이라는 뜻)이라고 부른 원주민들과의 전투에 지쳐 결국 그린란드로 철수하고 말았다. 수 세기 동안 유럽 곳곳을 호령하면서 약탈과 전투와 무역에서 발군의 실력을 자랑했으며 뛰어난 항해술로 거친 바다를 건너 아메리카에까지 도달했던 바이킹은 11세기 이후 사람들의 기억 속에서 서서히 잊혀갔다.

종교적 외피 아래 감춰진 물질적 욕망이 드러나다

십자군의 콘스탄티노플 공격

도4-1
●
외젠 들라크루아,
「콘스탄티노플에 입성하는 십자군」,
1840년

장군과 군인들이 말을 타고 궁전에 들어선다. 바다에 인접한 시가지가 배경을 이루는데, 곳곳에서 시커먼 연기가 피어오르고 있다. 궁전에는 시신들이 나뒹굴고 있으며 병사가 휘두르는 칼에 희생되기 직전의 여성도 보인다. 노인들은 애처로운 표정으로 적장에게 선처를 호소한다. 뚜껑이 열린 채 속을 드러낸 보석함은 약탈이 한창 진행되었음을 보여준다. **이 그림은 어떤 역사적 사건을 묘사한 것일까? 그림에 등장하는 승자와 패자는 누구일까?**

이 그림은 19세기 낭만주의 미술의 대가인 프랑스 화가 외젠 들라크루아의 작품이다. 1204년 이른바 4차 십자군 부대가 원정지인 콘스탄티노플(지금의 이스탄불)을 공격해 성공적으로 입성을 하는 장면을 묘사하고 있다. 일반적인 승전 그림과는 달리 들라크루아는 이 장면을 영광의 순간으로 묘사하지 않았다. 십자군 지휘관들의 모습도 영웅적 풍모와는 거리가 있다. 장거리 원정의 대의와 명분이 무엇이었냐는 중요하지 않고, 그저 처절함만이 남은 인간사의 비극적 드라마로 역사적 순간을

도4-2 성 조반니 에반젤리스타 교회 모자이크 「콘스탄티노플의 항복」, 1213년

묘사하고 싶었나 보다.

들라크루아에게 그림을 의뢰한 이는 프랑스의 마지막 왕 루이필리프Louis Philippe, 1773~1850였다. 그는 베르사유 궁에 프랑스의 영광스런 역사를 기리는 박물관을 만들려는 기획을 하고 있었다. 이런 의뢰인의 의도에 들라크루아의 작품은 잘 부합하지 않았을 것 같다. 들라크루아가 실제로 4차 십자군전쟁의 성격을 얼마나 정확히 알고 있었는가는 불분명하지만, 적어도 그의 작품에 표현된 콘스탄티노플의 입성 분위기는 아래에서 살펴볼 전쟁의 실제 전개 상황과 일맥상통하는 면이 있다.

본격적으로 십자군전쟁에 대해 이야기하기 전에 1204년 콘스탄티노플 전투를 묘사한 당대의 작품 한 점을 살펴보자. 「콘스탄티노플의 항복」도4-2은 이탈리아 라벤나에 위치한 성 조반니 에반젤리스타 교회를 장식하고 있는 모자이크다. 콘스탄티노플이 함락된 지 10년이 채 되지 않은 시점에 제작된 작품이다. 승자와 패자가 매우 소박한 형태로 묘사되어 있는데, 감정이 완전히 배제된 모습으로 인물들을 표현하고 있어 극적인 감정표현을 강조한 들라크루아의 그림도4-1과 뚜렷한 대조를 이룬다.

십자군전쟁은 11세기 말부터 약 2세기에 걸쳐 진행된 군사적 충돌로, 서유럽의 기독교인들이 예루살렘과 여타 성지들을 이슬람 세력으로부터 탈환한다는 목적으로 진행한 장거리 원정이었다. 초기에는 어느 정도 이런 목적이 현실화되었다. 가톨릭 진영과 이슬람 진영은 예루살렘의 지배권을 두고 치열한 각축을 벌였다. 다른 성지들을 놓고도 무력 충돌이

도4-3 리처드 1세와 살라딘의 대결을 묘사한 상상화, 13세기

계속되었다. 그 과정에서 양 진영에서는 두각을 나타낸 영웅적 장수들이
생겨났다. 위의 그림도4-3은 십자군과 이슬람군이 각각 영웅으로 추앙했
던 영국 군주 리처드 1세Richard the Lionheart, 1157~99와 아이유브왕조의 창
시자 살라딘Saladin, 1137~93의 결투 장면을 묘사한 것이다. 그림은 리처드
1세의 창이 짙은 얼굴색의 살라딘을 쓰러뜨리는 모습이다. 실제 이 영웅
들은 3차 십자군전쟁에서 활약했지만 둘 사이에서 직접적인 대결이 일어
나지는 않았다. 이 그림은 십자군 원정을 종교전쟁으로 이해하고 기독교
의 승리를 갈구했던 서유럽인들의 상상력이 발현된 작품일 뿐이다.

　십자군전쟁 초반의 숭고한 대의는 시간이 흐르면서 변질되어 갔
다. 대규모 원정대를 조직하고 수송하기 위해서는 막대한 비용이 필요
했으므로, 누가 이 비용을 대느냐가 원정의 실제 성격을 결정하는 중요

한 변수가 되었다. 그 점이 극명하게 드러난 것이 바로 4차 원정이었다. 1201년 교황 인노켄티우스 3세의 주창에 따라 이집트를 공략할 십자군 원정부대의 모집이 서유럽 전역에서 이뤄졌다. 이듬해에 예상 인원 3만여 명이 항구도시 베네치아에 집결하여 베네치아 인들이 준비한 500척의 선박으로 이동한다는 계획이 수립되었다.

왜 베네치아였을까? 당시 베네치아는 유럽의 정치와 경제에 막강한 영향력을 행사하는 도시였다. 프란체스코 바사노 2세Francesco Bassano the Younger, 1549~92가 그린 「도제 치아니Ziani에게 축복을 기원하는 알렉산데르 3세」도4-4는 12세기 유럽의 정치상황을 배경으로 하며 베네치아의 정치적 영향력을 잘 보여준다. 중세 유럽의 역사는 황제와 교황의 권력 간에 갈등과 타협이 반복된 역사였다. 당시 신성로마제국의 황제는 프리드리히 1세Friedrich I, 1122~90였다. 붉은 수염이 인상적이어서 '바르바로사Barbarossa'라는 별명을 가진 인물이다. 그는 한창 신성로마제국의 영토를 확장하고 외교력을 키워가고 있었다. 이탈리아 반도에 눈독을 들인 프리드리히 1세는 1160년대부터 이탈리아를 군사적으로 공략했고 동시에 교황의 통제력을 약화시키기 위해 여러 차례 대립교황을 내세웠다. 당시 교황이었던 알렉산데르 3세Alexander III는 해외로 피신해야 하는 신세가 되었지만 다행히 우군인 롬바르디아 동맹이 프리드리히 1세에게 전투에서 승리함에 따라 상황이 나아졌다. 마침내 1177년 베네치아의 중재에 의해 이른바 베네치아조약이 체결되어 신성로마제국과 이탈리아 진영 간에 화해가 이뤄졌다. 교황은 정통성을 온전하게 인정받았

도4-4 프란체스코 바사노 2세, 「도제 치아니에게 축복을 기원하는 알렉산데르 3세」, 1592년
De Agostini/Getty Images/이매진스

게 되었고 황제는 교황권에 복속되지 않을 수 있게 됐다. 교황권과 황제권의 분리라는 중요한 역사적 변화의 시작에 해당하는 사건이었다. 바사노 2세의 이 그림은 베네치아의 도움으로 교황 지위를 유지할 수 있었던 알렉산데르 3세가 베네치아의 도제(국가수반)인 치아니에게 축복을 기원하면서 상징물로 검을 건네주는 모습을 담고 있다. 교황은 도제를 아드리아 해의 최초 지도자라고 선포함으로써 해양 통제권을 확인해 주었다. 이때부터 베네치아인들은 매년 앞바다에 금반지를 던지는 행사를 성대히 거행했다고 한다.

경제적으로도 베네치아는 유럽의 중심에 있었다. 베네치아는 아시아와의 무역을 통해 번영을 구가하던 무역도시였다. 상인들은 후추 같은 향신료와 면직물, 비단 등을 아시아에서 수입해 유럽 전역에 판매해 막대한 이익을 거두고 있었다. 그들은 이슬람 세계로부터 복식부기를 들여와 장부 기록에 혁신을 이뤘고, 장거리 해상무역에 따르는 위험에 대처하기 위해 자금을 대규모로 모집하는 일종의 초보적 주식회사를 세우기도 했다. 목재와 부품을 표준화해 선박 건조 능력을 향상시키는 데도 성공했다. 이렇듯 금융업과 해운업, 조선업은 베네치아의 경쟁력을 뒷받침한 일등 공신들이었다.

이런 모든 측면에서 베네치아는 십자군의 자연스런 선택이었다. 원정에 필요한 선박을 건조하고 지중해 너머로 원정대를 운송하는 일을 맡기에 베네치아보다 나은 도시가 없었다. 모든 일이 순조롭게 진행될 것처럼 보였다. 그런데 일이 틀어지고 말았다. 예상 인원의 3분의 1 수준인

1만2,000명만이 베네치아에 집결했던 것이다. 이들은 베네치아에 약속한 수송비를 낼 능력이 없었다. 오랜 시간과 비용을 들여 선박을 건조하고 운송 인부를 뽑아두었던 베네치아로서는 큰 손해가 아닐 수 없었다. 도제 단돌로Dandolo는 수송비를 내지 않으면 병사들을 억류하겠다고 위협했다. 난감해진 십자군에게 단돌로는 헝가리의 항구도시 차라Zara를 공격해 주면 수송비를 면제해 주겠다는 제안을 던졌다. 차라는 장기간 베네치아에 경제적으로 종속되어 있다가 20년 전에 헝가리의 지원을 받아 독립적 지위를 얻은 도시였다. 베네치아의 의도는 분명했다. 십자군은 차라를 함락시키고 주민들을 추방했다. 이 소식을 접한 교황은 격분했다. 십자군이 이슬람 영토가 아닌 가톨릭 도시를 공격하다니! 교황은 십자군의 행위를 맹비난하고 그들을 모두 파문해 버렸다.

이제 십자군은 어떻게 할 것인가? 그들의 이후 선택은 더욱 놀라웠다. 비잔틴제국(동로마제국)에서 온 제안이 발단이었다. 비잔틴제국은 동방정교를 신봉하는 기독교 제국으로, 수도인 콘스탄티노플은 아시아와 유럽을 연결하는 동방무역의 최고 요충지였다. 한창 권력다툼 중이던 알렉시우스 앙겔루스는 십자군에게 자신이 권좌에 오르게 도와주면 십자군의 이집트 원정 비용과 기사를 제공할 것이며 또한 콘스탄티노플을 로마 가톨릭의 관할로 넘기겠다는 엄청난 제안을 했다. 곤경에 빠져 있던 십자군은 마음이 흔들렸다. 일이 잘 진행되면 이집트 원정도 이룰 수 있고 교황의 마음도 돌릴 수 있지 않겠는가. 한편 베네치아 인들로서는 예상치 못한 기회가 찾아온 셈이었다. 동방무역의 최고 무역항으로 지배력을 확대할 절호의 찬스였다. 20년 전에 콘스탄티노플에서 베네치아 상인들이 축출되었던 아픈 기억도 남아 있었다.

　　1203년 결국 십자군은 베네치아의 수송선을 타고 콘스탄티노플 원정길에 올랐다. 치열한 공성전 끝에 십자군이 승리를 거두었고 비잔틴제국의 제안자는 알렉시우스 4세로 제위에 올랐다. 그러나 그는 십자군과 맺은 약속을 지킬 능력이 없었다. 그는 자신의 지위를 공고화하기 위해서 세금을 중과하고 십자군에게 주둔기간 연장을 요청했다. 그러자 십자군과 베네치아는 추가 금액을 요구했다. 사태는 걷잡을 수 없는 소용돌이로 빠져들었다. 알렉시우스 4세의 반대파가 세력을 규합하더니 그를 폐위시키고 십자군과 대치했다. 이제 십자군은 망설일 여지가 없었다. 전투가 시작되었고 이틀 만에 십자군이 콘스탄티노플을 함락시켰다. 그러고는 사흘 동안 도시를 약탈하고 살육했다. 「콘스탄티노플에 입성하는 십자군」도4-1은 이 끔찍한 상황 가운데 극히 일부만을 보여줄 뿐이다. 시민들은 도륙, 강간, 노략질의 희생양이 되었고 귀중한 건물들과 보물들은 파괴, 방화, 몰수의 대상이 되었다. 역사가들의 연구에 따르면 이때 약탈된 재산의 가치가 총 90만 은마르크였는데, 이 중 약 10만 은마르크를 십자군이 차지했고 약 20만 은마르크를 베네치아가 차지했으며 그 나머지의 일부는 새 황제의 몫이 되었고 또 일부는 원정에 참여한 기사들이 개인적으로 챙겼다고 한다.

　　비잔틴제국 천 년 역사에 최악의 수난으로 기록된 이 사건은 십자군전쟁이 애초의 대의와 얼마나 멀어졌는가를 여실히 보여준다. 원정 목

도4-5 마르코 폴로 일행의 베네치아 출항, 15세기

적지가 무슬림에게 점령당한 기독교 성지가 아니라 같은 기독교를 믿는 지역이었다는 점, 원정지를 결정하는 데 교황의 영향력이 미미했다는 점, 그리고 후원 도시인 베네치아가 막대한 이익을 거두었다는 점이 이를 말해준다. 실제로 베네치아는 원정의 결과로 경쟁도시인 제노바를 제치고 지중해 무역의 주도권을 크게 강화할 수 있었다. 자신들의 입맛에

맞는 인물을 내세워 라틴 제국을 건설하고는 교황의 승인까지 받아냈던 것이다. 그 후 라틴 제국은 오래 가지 못했지만 베네치아의 번영은 계속되었다.

베네치아 출신의 상인으로 후대에 가장 뚜렷한 발자취를 남긴 인물은 마르코 폴로였다. 왼쪽 그림^{도4-5}은 13세기 후반 마르코 폴로가 아시아로 가기 위해 고향을 떠나는 모습을 묘사하고 있다. 앞서 바사노 2세의 그림^{도4-4}에 묘사된 베네치아 항구를 미니어처로 만든 듯한 느낌이 난다. 고급스럽게 장식된 건물들과 운하를 항해하는 선박들이 무역으로 부유해진 항구도시의 인상을 생생하게 전해준다. 베네치아 인들이 이런 번영을 누릴 수 있었던 데에는 교황의 뜻을 수차례 거스르면서까지 경제적 이익을 취하고야 말겠다는 그들의 집요한 욕망과 의지가 작용했다.

오늘날 십자군원정은 대외적으로 숭고한 정신적 목표를 내걸지만 실제로는 물질적 이득을 취하겠다는 욕망을 내포한 프로젝트를 대표하는 용어가 됐다. 이런 조롱조의 관념이 형성된 데에는 분명한 역사적 근거가 있다. 11세기 이래 유럽의 중세사회는 안정기에 접어들어 인구가 팽창하고 무역망의 확대를 필요로 하고 있었다. 이때 발발한 십자군 원정은 표면적으로는 종교적 외피를 쓰고 있었지만 내면적으로는 경제활동의 확장을 바라는 세속적 계산을 담고 있었다. 특히 목적지를 두 차례나 바꾸고 끔찍한 살육과 약탈로 악명을 떨친 4차 십자군전쟁은 유라시아를 잇는 핵심 교역로를 장악하려는 베네치아의 야욕이 빚어낸 추악한 원정행위였던 것이다.

돈이 전쟁의
승패를 좌우하다

화약무기의 도입과 군사혁명

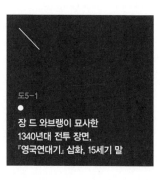

도5-1
●
장 드 와브랭이 묘사한
1340년대 전투 장면,
『영국연대기』 삽화, 15세기 말

갑옷으로 무장한 병사들이 성채를 둘러싸고서 공격을 퍼붓고 있다. 돌로 성벽과 능보稜堡를 높이 쌓고 주위에 해자를 두른 요새는 중세 유럽에서 흔히 볼 수 있던 전형적 형태다. 전통적 무기인 활과 창으로 공략하기가 어려운 구조다. 그런데 자세히 보면 공격하는 병사들이 사용하는 무기는 총기와 대포 같은 화약무기다. **이 그림은 어느 시대를 배경으로 하는 것일까? 그리고 화약무기의 사용은 세계사에 어떤 변화를 가져왔을까?**

　　이 그림도5-1은 15세기 후반에 프랑스의 정치가이자 군인으로서 과거 전쟁에 대해 많은 기록을 남긴 장 드 와브랭Jean de Wavrin의 『영국연대기Chroniques d'Angleterre』에 등장하는 삽화다. 200여 년 전에 발발했던 백년전쟁에서 영국군이 프랑스의 도시를 공략하는 모습을 묘사하고 있다. 이 그림에서는 낯선 느낌이 든다. 건물은 익숙한 중세 유럽 성재의 모습인데, 병사들의 무기는 활이나 창이 아니라 화약무기이기 때문이다. 그림 배경인 14세기 중반은 유럽에서 처음으로 화약무기가 전투에 사용

도5-2 「마라의 복속」, 둔황 막고굴(부분), 10세기 전반

된 시기였다.

익히 알려진 바대로 화약무기는 중국에서 유래했다. 왼쪽 그림^{도5-2}
에서 초기 화약무기의 모습을 상상해볼 수 있다. 10세기 초에 둔황의 석
굴에서 발견된 탱화에는 석가모니가 갖가지 형상으로 나타난 마라魔羅로
부터 사방에서 공격을 받는 장면이 그려져 있다. 석가모니의 오른편 위쪽
으로 화창火槍을 들거나 수류탄처럼 보이는 화공무기를 손에 든 마라들의
모습을 찾을 수 있다. 이 탱화는 화약무기를 묘사한 현존하는 가장 오래
된 그림으로 알려져 있다.

중국에서 실제로 화약무기가 전쟁터에서 사용된 것은 12세기 송나
라 때였다. 이후 화약무기는 연이은 왕조들에 의해 더욱 발달했다. 초기
에는 화약이 주로 발화를 목적으로 사용되었으나 점차 폭발력이 향상되
었다. 화약무기도 다양한 형태와 크기로 개발되었다. 화약무기의 잠재적
위력은 곧 다른 국가들에게 알려졌다. 13세기에 몽골제국이 서아시아 정
벌을 하는 과정에서 화약과 화기가 이슬람세계에 알려진 것으로 보이며,
다시 유럽은 이슬람을 통해 화약무기의 파괴력을 깨닫게 되었다. 그리고
유럽인들이 화약무기 개발에 힘을 쏟으면서 마침내 14세기 중반 영국과
프랑스가 전투를 벌이는 현장에 앞의 『영국연대기』 삽화^{도5-1}에서 볼 수
있는 것처럼 총포가 등장하게 된 것이다.

초기에 화약무기는 위력이 변변치 않았다. 제작이 쉽지 않았고 사
용하기도 불편했으며 때론 무기를 다루는 병사에게 사고로 인한 사상
을 입히기도 했다. 신기하지만 효과는 의심스러운 이런 화약무기가 세계

도5-3　야코프 더헤인 2세, 「머스킷 총수」, 『무기 다루기(Wapenhandelinge)』, 1608년

사에 엄청난 변화를 초래할 '군사혁명Military Revolution'으로 이어지게 되
리라고는 당시 예상하기 어려웠다. 야코프 더헤인 2세Jacob de Gheyn II,
1565?~1629의 그림도5-3은 17세기 초 대표적 화약무기인 머스킷총으로 무
장한 병사의 모습을 보여준다. 야코프 더헤인 2세는 개인 화기를 다루는
네덜란드 병사의 그림을 많이 남긴 화가다. 이 그림에 등장하는 소총은
초기 형태의 머스킷총이다. 총수는 왼손으로 불이 붙은 긴 노끈을 쥐고

　　　　　　　　　　　　　　　　　　　　　　I. 고대부터 중세까지

있는데 이것이 화승火繩이다. 총수는 총열에 화약을 재고 이 화승을 이용해 불을 댕긴다. 이후 발사를 좀 더 편리하게 만들기 위해 화승 대신 부싯돌을 사용해 격발하는 방식이 개발된다.

화약무기의 성능이 향상되자 치명적 타격을 입게 된 것은 기사였다. 중세 군사력의 상징이었던 마상 기사는 총포를 이용한 공격에 무력한 것으로 판명되었다. 기사의 몰락은 중세 유럽사회의 근간이었던 봉건제가 무너짐을 의미했다. 전투력이 없는 기사를 가신으로 임명하고 봉토를 내줄 주군은 없었다. 또한 전쟁 때에만 동원되는 농민군은 창검에는 어느 정도 익숙하지만 새로운 무기를 사용하는 방법은 익히지 못했다. 이제는 화약무기를 다룰 줄 아는 병사들을 대규모로 보유하는 것이 최상의 군사전략이 되었다. 바야흐로 상비군常備軍의 시대가 열린 것이다.

성채의 구조에도 혁명적인 변화가 발생했다. 돌담을 높이 쌓은 성채는 대포 공격으로 붕괴되기 쉬웠고, 둥근 능보는 아래쪽으로 바짝 접근한 적군에 대응하기 어려운 사각死角의 문제가 있었다. 화약무기를 방어하기 위해서는 흙벽을 비스듬한 각도로 두텁게 다져 누벽을 세우고, 능보를 뾰족하게 각진 형태로 지어 근접한 적군을 다른 능보에서 직선화기로 공격할 수 있도록 해야 했다. 그리고 성채 곳곳에 작은 구멍을 내어 엄폐된 채로 공격을 하게 만들었다. 이렇게 해서 탄생한 새로운 요새는 하늘에서 내려다보면 능보 개수만큼의 꼭짓점을 가진 별 모양을 이루게 되었다. 이른바 성형요새星形要塞, star fort의 등장이다.

이상적인 성형요새는 중심점을 기준으로 완벽히 점대칭인 별 모양

도5-4 **팔마노바 성채 지도, 17세기**

이지만, 위치한 지역의 지형적 특성에 따라 다양하게 변형된 형태로 요새가 건설되었다. 이상적인 성형요새의 사례로 이탈리아 베네치아 근교의 팔마노바 성채를 들 수 있다. 1593년 베네치아의 건축가 빈첸초 스카모치Vincenzo Scamozzi는 새로운 도시의 건설 계획을 발표했다. 위의 지도 도5-4가 보여주듯이 도시를 감싸는 성채가 정구각형의 구조를 이루고 있

I. 고대부터 중세까지

고 각 꼭짓점마다 각진 능보가 돌출한 형태였다. 이 성채는 평탄한 지역에 위치했기 때문에 다른 성채들과는 달리 정구각형의 모습을 갖출 수 있었다.

군사혁명이 가져온 이런 변화들은 곧 재정 확충의 필요성을 낳았다. 돈이 부족하면 성능이 향상된 화기를 개발할 수도, 대규모의 상비군을 고용할 수도, 그들을 훈련시켜 일사불란하게 화기를 사용하게 할 수도, 견고한 요새를 건축할 수도 없었다. 반대로 돈이 있으면 군사력이 강해졌고, 주변 세력을 흡수해 세력을 확대할 수 있으며, 결국 전쟁에서 승리를 거둘 수 있었다. 재정적 능력이 곧 군사력으로 이어지는 이런 변화 속에서 대다수의 중소 영주들은 설자리를 잃었고, 대신에 대규모 영토를 강력한 단일 권력이 통치하는 국가가 만들어졌다. 봉건제 질서를 무너뜨리고 중앙집권화된 근대적 국가체제를 탄생시킨 원동력이 바로 군사혁명이었다.

군사혁명을 소재로 한 그림 가운데 가장 재미있는 것을 고르자면 이탈리아 출신의 화가 주세페 아르킴볼도Giuseppe Archimboldo, 1526/27~93가 그린 「불」도5-5을 들 수 있다. 아르킴볼도는 신성로마제국의 황제 지위를 차지하고 있던 합스부르크가의 궁정화가로 활동했다. 그는 르네상스 군주로 자임하면서 예술 후원자로 이름이 높았던 군주 막시밀리안 2세에게 두 세트의 그림을 선물했다. 한 세트는 봄·여름·가을·겨울의 사계절을 주제로 삼아 다양한 동식물의 형상을 이용해 사람의 상체를 기이한 형태로 완성했다. 그림의 각 부분은 동식물의 모양으로 그려 있지만 거리를 두고 보면 한 인물의 모습이 되는 이른바 '이중 그림'이다. 전체가 부분의 합과 다르다는 뜻에서 '게슈탈트gestalt'라는 용어를 쓰기도 한다. 또 다른 세트는 공기·물·불·흙의 네 원소를 주제로 하여 마찬가지 방식으로 그린 연작이다. 그 가운데 우리의 관심을 특별히 끄는 작품은 '불'을 주제로 한 이 그림이다. 이 그림은 불과 관련된 다양한 소재를 활용해 인물의 옆모습을 완성하고 있다. 아르킴볼도의 다른 그림들과 달리 동식물 이외의 사물을 활용해 제작했다는 면에서 독특하다. 자세히 보면 머리는 활활 불이 붙은 장작더미이고, 이마는 촘촘하게 감긴 긴 심지이고, 턱은 촛대 받침, 목은 촛대와 양초다. 가슴에는 총과 대포가 선명하게 묘사되어 있다. 더 자세히 보면 앞가슴 장식에서 명예로운 황금양모단Order of the Golden Fleece의 상징인 금색 양머리 조각을 볼 수 있고, 그 옆에 신성로마제국의 상징인 머리 둘 달린 독수리 문양도 보인다. 합스부르크가의 부를 바탕으로 군사혁명을 이룬 강대국 신성로마제국의 위용을 과시하는 듯한 인상을 주는 이 그림을 받고 막시밀리안 2세는 분명 흡족해 했을 것이다.

군사혁명은 수세기에 걸쳐 장기적 진화를 거듭했다. 14세기에 보병의 전투력이 크게 인정받은 데 이어서 15세기에는 포병부대가 군사력의 중핵으로 떠올랐다. 16세기에는 요새 건설의 혁신과 소총부대의 밀집대형전술 도입이 중요시되었고, 마지막으로 17~18세기에는 각국이 이렇게 개혁된 군대를 대규모로 확충하고자 경쟁을 벌였다. 여기에는 병참 시스템을 강화하고 행정체계를 완비하는 작업이 동반되었다.

도5-5 주세페 아르킴볼도, 「불」, 1566년

군사혁명의 영향은 가히 범세계적이었다. 세계사적으로 중요한 전투에서 승패를 결정짓는 핵심적 변수로 작용했다. 1453년 오스만제국 군대가 비잔틴제국의 수도 콘스탄티노플을 무너뜨릴 때에도, 1490년대 이베리아 반도에서 기독교 군대가 이슬람 최후의 보루인 그라나다를 함락시킬 때에도 개량된 화기가 큰 역할을 했다. 페르시아의 사파비왕조와 인도의 무굴제국도 군사개혁 덕분에 각각 우즈베크 족과 델리술탄국과 같은 지방 세력들을 누르고 통일국가의 기틀을 마련할 수 있었다. 1610년대 이후 변방국가 스웨덴이 구스타브 2세 아돌프Gustav II Adolf의 지휘 하에 군사강국으로 등장한 배경도 마찬가지였다. 동아시아도 변화의 흐름에서 빗겨나 있지 않았다. 일본에서는 1560~80년대에 오다 노부나가織田信長와 도요토미 히데요시豊臣秀吉가 각각 소총부대와 야포부대를 창설해서 전쟁에서 승기를 잡았고, 중국에서는 1630년대에 청 태종 홍타이지皇太極가 포병을 양성해 대륙 장악의 기반을 마련했다.

어느 국가가 강대국이 되느냐는 군사혁명을 얼마나 성공적으로 수행하느냐에 달려 있었다. 그리고 군사혁명 달성을 좌우하는 핵심 열쇠는 재정개혁에 있었다. 특히 유럽이 신항로 개척에 성공해 아메리카 대륙을 정복하고 중상주의 시대를 열자 해군력의 중요성이 급속히 커졌다. 성능 좋은 대포를 장착하고 잘 훈련된 수병들을 배치시킨 함대를 대규모로 운영하기 위해서는 자금의 확보가 필수적이었다. 이를 위해서는 세금 징수를 늘리거나, 은행에서 차입을 하거나, 국채를 발행해 자금을 조달해야 했다. 달리 말하면, 조세제도와 금융제도를 잘 갖춘 국가만이 강대국의 지위를 유지할 수 있었다. 과거의 강자 스페인과 포르투갈이 힘을 잃고 신흥 강자 네덜란드와 영국이 떠오르게 된 것이 바로 이 차이 때문이었다. 특히 영국은 국채 발행을 통해 전비를 마련하는 새로운 제도를 개발했다. 이 창의적 제도에 힘입어 영국은 중상주의 시기 국제적 무력 대결에서 최종 승리자가 될 수 있었고, 결국 산업혁명이라는 새로운 시대를 최초로 맞이하게 되었다. 강대국이 되려면 군사력이 필요하고, 이를 위해서는 재정과 금융이 발달해야만 한다. 동서고금을 막론한 진리가 아닐 수 없다.

II

대항해시대와
중상주의 시대

―

세계화의
갈림길

맘루크와 예니체리,
제국의 운명을
결정하다

이슬람 세계의 노예 출신 권력자들

도6-1
●
프란시스코 고야,
「1808년 5월 2일—맘루크의 돌격」,
1814년

1808년 스페인의 민중들이 나폴레옹 점령군의 지배에 항거해 봉기했다. 고야는 이들에게 칼을 휘두르며 공격을 가하는 프랑스 기마대를 그렸다. 그런데 기마병 중에는 짙은 피부에 무슬림 복장을 한 이들이 여럿이다. 화면 중앙의 단검을 빼든 인물이 대표적이다. **이들은 누구일까? 어떤 연유로 이들은 프랑스 편에 서게 된 것일까?**

나폴레옹의 유럽 점령은 민족주의의 탄생이라는 역사적 사건을 낳은 배경이다. 고야가 그린 1808년 5월 2일 마드리드 봉기^{도6-1}도 점령 세력에 맞서는 민중의 뜨거운 저항의식을 표현했다. 우리의 시선을 끄는 것은 프랑스군 기마대에 속한 이슬람 전사들이다. 그림의 부제가 말해주듯이 이들은 '맘루크Mamluk'다. 맘루크는 아랍어로 노예를 의미한다. 구체적으로는 노예 출신으로서 체계적 군사훈련을 받아 전사가 된 자를 말한다. 우리가 보통 생각하는 노예는 거친 노역을 강요당하는 최하층

예속민이다. 노예가 중요 전력인 기마대를 구성하고 있다는 사실은 선뜻 이해하기 어렵다.

그러나 이슬람 역사에서는 노예 출신이 군사와 정치를 좌지우지한 경우가 드물지 않았다. 심지어 최고 권좌인 술탄의 지위에 올라 제국을 통치한 역사도 길다. 아라비아 반도에서 이슬람교가 시작되어 주변 지역으로 빠르게 세력을 넓혀가던 9세기로 거슬러 올라가보자. 8세기부터 바그다드를 수도로 삼고 번영하던 아바스왕조 Abbasid Caliphate는 9세기 중반 쇠퇴기에 접어들었고, 이슬람 세계가 여러 세력으로 나뉘는 상황에서 맘루크가 군사력의 핵심 전력으로 급부상했다. 대표적으로 이집트의 카이로에 기반을 둔 파티마왕조 Fatima Caliphate는 투르크, 아르메니아, 수단 등에서 어린 노예들을 확보해 체계적으로 교육하고 훈련시켰다. 중앙아시아의 기독교 인구로부터 가장 많은 아동 노예가 공급되었는데, 이들은 카이로의 특수학교에 보내져 전투기술과 행정을 배우고 이슬람으로 개종했다. 지배자가 이들에게 각별하게 신경을 쓴 가장 중요한 이유는 이들이 기존 세력들과 연결돼 있지 않은 참신한 인물이라는 점에 있었다.

맘루크는 전문적인 전사와 관료로서 영향력을 확대해갔고, 마침내 1250년에 술탄의 지위에까지 올랐다. 이렇게 성립한 맘루크 노예왕조는 1517년 오스만제국 Ottoman Empire에 의해 최후를 맞을 때까지 이집트와 시리아 지역에서 위세를 떨쳤다. 심지어 왕조가 무너진 후에도 맘루크의 영향력은 남아 있었다. 맘루크의 군사적 효용을 인지한 오스만 통치자들은 맘루크를 가신으로 삼고 이집트의 지배계층 지위를 유지시키기로 했던 것이다. 18세기 말 나폴레옹의 이집트 원정군은 이른바 피라미드전투Battle of the Pyramids에서 맘루크와 격돌했다. 나폴레옹의 군대가 승리를 거둠으로써 맘루크의 주축은 무너지고 말았다. 하지만 맘루크의 용맹함을 높이 산 나폴레옹의 명령으로 일부 맘루크는 프랑스군의 일원으로 편입되었다. 이들이 고야의 그림도6-1에 등장하는 이들이다. 말하자면 호전적 전사라는 평판만 남은 맘루크의 최후 단계의 모습인 셈이다.

맘루크가 화려한 전성기를 맞은 것은 중세였다. 당시 맘루크는 유라시아 대륙 전체의 판도에 중대한 영향을 끼치는 존재였다. 서쪽으로는 십자군전쟁에서 유럽 기독교 군대와 맞붙었다. 특히 1250년 무렵 맘루크 사령관 바이바르스Baybars는 7차 십자군 원정을 이끈 프랑스의 루이 9세를 격파함으로써 중동의 무게 추가 이슬람세계로 기울게 했다. 그가 바로 맘루크왕조를 연 인물이다. 10년 후 맘루크는 동쪽에서 다가오는 더욱 거대한 군사력과 맞부딪쳐야 했다. 바로 몽골군이었다. 칭기즈 칸의 손자인 훌라구 칸이 이끄는 일한국의 군대는 바그다드와 다마스쿠스를 차례로 함락시키고 이어서 맘루크왕국을 위협해왔다. 1260년 훌라구 칸이 후계 문제 논의를 위해 본국으로 돌아간 틈을 놓치지 않고 맘루크 군은 시나이 반도에서 남은 몽골군을 기습 공격해 승리를 거뒀다. 이른바 아인잘루트 전투Battle of Ain Jalut의 승리였다. 세계 최강을 자랑하던 몽골군으로서는 참으로 뼈아픈 패배였다. 다음 그림도6-2은 맘루크 군대와 몽골군의 전투 장면을 묘사한 보기 드문 작품으로, 1299년에 벌어진 와디 알 카잔다르 전투Battle of Wadi al-Khazandar에서 창을 든 맘루크 기

도6-2 코리쿠스의 하이톤, 『타타르족의 역사』(14세기)에 등장하는 와디 알 카잔다르 전투

마대가 궁수 중심의 몽골 기마대에게 쫓기는 장면을 보여준다. 맘루크는 비록 이 전투에서 패했지만, 불굴의 기백으로 곧 복수전을 벌이게 된다. 그 후로도 수십 년 동안 맘루크는 몽골 군대와 일진일퇴를 거듭하며 이슬람세계의 주력방어선 역할을 톡톡히 해냈다.

　이렇듯 맘루크 노예왕조는 유라시아의 세력판도를 결정짓는 핵심적 주체였다. 몽골 군대와 이렇게 치열하게 전투를 계속한 집단은 드물었다. 그들의 영향력이 군사적 측면에만 한정된 것도 아니었다. 맘루크

II. 대항해시대와 중상주의 시대

왕조는 유라시아 경제의 판도에서도 중요성이 컸다. 12~13세기는 십자군전쟁으로 지중해와 인도양의 교역로가 단절된 시기였다. 이때 이집트는 동방무역의 흐름을 이어주는 핵심적 고리 역할을 했다. 14세기에는 일한국과 킵차크한국의 분쟁, 그리고 티무르Timur의 팽창이 원인이 되어 동방무역의 육상통로, 즉 훗날 비단길이라고 부르게 되는 오아시스 길이 차단되었다. 이때에도 이집트는 국제무역의 핵심 거점으로 명성을 얻었다. 오늘날 이집트에 남아 있는 웅장한 모스크들과 예술적 가치를 뿜내는 우아한 코란 서적들은 200여 년 동안 찬란한 번영을 구가했던 맘루크 왕조의 문화적 성취를 느끼게 해준다.

이교도 노예가 특별하게 양육되어 권력층이 되는 사례는 맘루크왕조에 국한되지 않았다. 맘루크왕조를 멸망시킨 새 강자 오스만제국에서도 비슷한 현상이 발생했다. '새로운 군인'이라는 뜻을 가진 '예니체리Janissary'라는 집단이 주인공이다. 예니체리는 어떤 이미지로 표현되었을까? 이탈리아 출신인 화가 야코포 리고치Jacopo Ligozzi, 1547~1627가 제작한 「전쟁의 예니체리와 사자」도6-3를 보자. 허리춤에 검과 도끼를 차고 어깨에는 총을 두른 예니체리가 사자와 함께 포즈를 취하고 있다. 1571년 유럽 해군은 오스만제국의 해군을 레판토전투Battle of Lepanto에서 꺾음으로써 이슬람 세력의 확장을 저지하는 데 성공했다. 그 후 유럽에서는 오스만제국과 관련된 주제에 대해 관심이 높아졌다. 이런 배경에서 리고치는 오스만제국을 묘사한 유럽의 그림들을 참조하여 이 작품을 그려냈다. 그는 예니체리를 사자에 견줄 만한 용맹함과 늠름함을 갖춘

도6-3 야코포 리고치, 「전쟁의 예니체리와 사자」, 1580년경

무관 엘리트로 묘사하고 싶었던 모양이다.

예니체리가 만들어지는 과정은 맘루크의 사례와 크게 다르지 않았다. 오스만제국은 정복한 지역의 비#이슬람교 가정으로부터 6세에서 14세가량의 어린이들을 강제징집해, 투르크어와 이슬람교를 가르치고 각자의 적성에 맞춰 엄격한 교육과 훈련을 시켰다. 이것이 '데브시르메 Devshirme'라고 불리는 징병제도로, 그리스와 알바니아 지역에서 가장 먼저 실시됐고 점차 불가리아, 아르메니아, 크로아티아, 세르비아 등으로 확산됐다. 맘루크가 전쟁과 교역을 통해 아동 노예를 공급받았던 것과 달리 예니체리는 강제징집의 방식으로 아동 노예를 확보했다는 차이점이 있지만, 둘 사이에 유사성이 컸다는 점은 분명하다.

다음 그림또6-4은 데브시메르를 통해 어린이들을 징집하는 장면을 보여준다. 발칸 지역의 기독교 가정에서 뽑힌 아이들이 빨간 유니폼을 입고 징집 관리들 앞에 정렬해 있다. 아이들은 어깨에 지급 받은 보따리를 하나씩 두르고 있다. 관리가 아이들에게 나눠줄 돈을 세고 있고 옆에서 서기가 이를 기록하려고 준비한다. 이 돈은 아이들이 고향을 떠나 교육이 이뤄질 이스탄불로 이동하는 데 사용될 경비다. 아이들 뒤편으로는 자식을 떠나보내는 가족들이 보인다. 노란 옷을 입은 한 엄마에게 예니체리가 말을 건네고 있다. 아이 걱정을 할 필요 없다고, 또는 앞으로 어떤 훈육을 받게 될 거라고 예니체리가 설명하고 있는 듯하다.

긴 교육과정을 마친 아이들은 예니체리, 즉 오스만 보병부대의 정예 군인이 됐고 일부는 제국의 행정관리로 편성됐다. 예니체리에게는 정

도6-4 발칸에서 데브시르메를 통해 선발된 예니체리, 1558년

규 급여와 더불어 특별한 유니폼이 지급됐고 신형 화약무기도 가장 먼저 보급됐다. 예니체리의 독보적인 지위는 술탄이 참석하는 만찬에서 유감없이 드러난다. 1720년에 발행된 『축제의 책Surname-i Vehbi』에 수록된 만찬 모습이 등장하는 그림도6-5을 보자. 만일 술탄이 제공하는 식사를 예니체리가 거부하면 이는 예니체리가 술탄을 인정하지 않는다는 신호로 받아들여졌다. 그만큼 술탄도 자신에 대한 예니체리의 지지를 주기적으로 공식화하고 싶었다는 의미였으리라. 이 그림의 예니체리들은 술탄을 받아들이며 차려진 음식을 향해 다가가고 있다. 동작이 빠른 이는 벌써 두 손으로 음식이 담긴 접시를 들고 있다. 재미있는 점은 그 아래로 떨어진 모자를 줍는 어수룩한 예니체리가 그려 있다는 사실이다. 동시대 그림들 대다수와 달리 이 작품은 예니체리를 너무 근엄하지 않게 표현하고 싶었나 보다. 작가의 위트가 돋보인다.

예니체리의 생활은 단순하고 금욕적이었다. 이들은 막사에서 엄격한 규율을 지키며 독신으로 생활했다. 16세기부터 외국과의 군사적 마찰이 심화되자 예니체리는 증강되었고 관료로 성공한 이들도 늘어났다. 두 차례에 걸쳐 오스트리아의 빈을 포위하고 공격했던 상황은 무관 엘리트의 필요성을 극대화했다. 이런 과정을 통해 예니체리는 제국의 핵심 지배층으로 자리를 굳혔다. 16~17세기에 오스만제국은 군사 분야는 물론이고 학문·기술·건축에서도 상당한 번영을 누렸는데, 오스만제국이 이런 성과를 보일 수 있었던 데에는 청렴하고 용맹하고 유능한 예니체리의 기여가 컸다.

도6-5 식사를 하는 예니체리, 『축제의 책』, 1720년

그러나 역사상 수많은 권력집단과 마찬가지로 예니체리도 순수성을 끝까지 유지하지는 못했다. 권력은 더욱 집중됐고 규율은 문란해졌다. 이들은 상업적 이익에 깊숙이 관여하기도 했고, 심지어 술탄을 폐위시키는 역모에 가담하기도 했다. 또한 자신들을 견제하고 군대를 개혁하려는 술탄의 시도를 좌절시켰다. 술탄에게 압력을 넣어 예니체리가 되는 자격 규정도 완화시켰다. 금욕적 독신생활은 옛말이 되어 버렸다. 이렇듯 예니체리가 지배층으로 올라가는 통로로 인식되면서, 그리고 획득한 권력을 유지하는 수단으로 여겨지면서, 자신의 아들을 지원시키는 예니체리도 눈에 띄게 늘어났다.

권력 남용과 연고주의의 결과는 너무도 분명했다. 제국은 개혁에 실패했고 국가의 재정은 악화됐으며 군사력은 정체됐다. 유럽 국가들이 중상주의로 경제 발전을 이루는 동안 오스만제국은 쇠퇴를 거듭했다. 그 결과 1700년에 오스만제국의 1인당 국민소득은 네덜란드의 40퍼센트, 영국과 이탈리아의 55퍼센트 수준으로 추락하고 말았다. 예니체리는 1826년에 폐지되는데, 오스만제국의 추세적 쇠퇴를 되돌리기에 이미 너무 늦은 시점이었다. 한 국가가 쇠락을 하는 데에는 그럴 만한 원인이 반드시 있는 법이다. 지배층이 권력을 함부로 쓰고 공공의 이익 대신에 친족과 측근의 이익만을 챙기는 폐쇄적 체제를 고수한다면, 혁신을 이루고 경쟁력을 유지할 길은 요원할 뿐이다.

신기술이
어둠의 경로로
전파되다

산업스파이와 지식재산 유출

도7-1

●

조반니 벨리니,
「신들의 향연」, 1514년

고대 신들이 향연을 벌이고 있다. 오른편으로 술에 취해 누워 있는 여신(로티스)이 있고 그녀를 더듬으려는 사내(프리아푸스)가 있다. 이 음흉한 시도는 왼편에 있는 나귀가 소리를 내는 바람에 무위로 돌아가고, 다른 이들이 상황을 알아채자 사내는 당황하게 된다. 이 것이 로마의 서사시에 등장하는 내용이다. **이 그림에서 시대와 가장 동떨어진 사물은 무엇일까?**

「신들의 향연」도7-1은 이탈리아 르네상스의 거장 조반니 벨리니 Giovanni Bellini, 1430~1516의 작품이다. 나중에 도소 도시Dosso Dossi와 티치아노Tiziano가 배경을 중심으로 수정을 가했다. 이 그림에는 위에 설명한 등장인물 외에 낯익은 신들도 등장한다. 프리아푸스 옆에 앉아 술잔을 들이켜는 태양의 신 아폴론, 헬멧을 쓴 전령의 신 머큐리, 그 옆에 붉은 옷을 입고 있는 최고신 주피터가 있다. 왼편에서 술을 따르고 있는 어린 아이는 술의 신 바쿠스다. 신들에게 음식과 술을 접대하는 이들은 님프

도7-2 유리안 판스트레이크, 「오렌지, 레몬, 복숭아와 완리 자기가 있는 정물」, 17세기

들과 반인반수의 사티로스들이다. 질문의 의도는 그림이 제작된 16세기의 인기 물품을 찾자는 것이다. 답은 바로 그릇, 그중에서도 중국에서 제작되어 세계적 명품으로 인기를 끈 청화백자다. 화가에게 그림을 요청한 이는 알폰소 1세 데스테Afonso I d'Este라는 인물인데, 중국산 자기를 좋아했다고 전한다. 그 취향에 맞춰 그림을 그렸을 것이다.

「신들의 향연」은 중국산 자기를 그린 유럽 최초의 작품으로 알려져 있다. 이후 네덜란드, 프랑스, 영국 등에서 중국 자기는 심심치 않게 정물화의 대상이 되었다. 특히 화려한 사물들을 그려 역설적으로 인생의 무상함을 설파하는 바니타스Vanitas 정물에 중국 자기가 등장한다. 네덜란드 화가 유리안 판스트레이크Juriaen van Streeck, 1632~87도 바니타스 정물을 자주 그렸다. 「오렌지, 레몬, 복숭아와 완리 자기가 있는 정물」도7-2은 그가 그린 정물화다. 여러 과일들을 담고 있는 그릇과 그 뒤쪽에 놓인 항아리가 시선을 끈다. 중국에서 수입된 청화백자다. 그림의 제목에 완리Wanli 자기라고 적혀 있는데, 이는 청나라 만력제萬曆帝, 재위 1572~1620 시기에 제작된 자기라는 뜻이다. 화가가 중국 자기를 정물화에 포함시킨 이유는 이 수입 명품이 그만큼 유럽인들에게 선망의 대상이었기 때문이다. 인생을 살면서 세속적 가치만을 좇다 보면 노년에 이르러 허무한 인생사에 대해 깨닫고 탄식하게 될 것이라는 메시지를 이 그림은 전한다.

중국인들은 자국산 자기가 유럽을 포함한 외국에서 엄청난 인기를 모으고 있다는 사실을 잘 알고 있었다. 자연스럽게 황제들은 자기 산업

도7-3 징더전의 자기 생산 장면, 1743년경

에 큰 관심을 보였고, 자기 산업을 중국의 대표적 수출산업으로 부흥시켰다. 징더전景德鎭과 같은 요업 중심지는 수출용 자기를 생산해 해외로 공급하는 '세계의 공장'이 되었다. 징더전에서 자기 제작을 하는 장면을 묘사한 왼쪽 그림도7-3을 보자. 옹정제 시대에 탕잉唐英이란 인물은 도자기 생산을 감독하는 독도관督陶官으로 임용된 인물이다. 그는 황제의 명에 따라 자기 제작과정을 담은 20점의 그림을 모으고 설명을 붙였다. 이 그림은 이때 수집된 그림들 가운데 하나다. 작은 문 안쪽으로 여러 개의 공방이 자리하고 있고, 각 공방에서 자기 제작공정이 이뤄지고 있다. 작업자들이 다양한 모양으로 만들어진 자기의 표면에 문양을 넣고 색을 입히는 작업을 진행하고 있다.

중국 자기에 대한 유럽인들의 수요는 엄청났다. 16세기에 포르투갈 상선에 의해 처음 소개된 중국 자기는 곧 이웃 국가들에도 알려지게 되었다. 유럽의 왕족과 부유층은 자신의 저택을 이 명품으로 꾸밈으로써 부와 취향을 과시하고자 했다. 당시의 통계를 보면 어마어마한 중국 자기 수출 물량에 압도될 수밖에 없다. 네덜란드 연합동인도회사에서 1602~82년에 중국에서 수입해 유럽에 판매한 자기가 3,000만 내지 3,500만 점이었다. 1766~86년 기간에 영국, 스웨덴, 프랑스의 동인도회사들이 수입한 중국산 자기는 각각 3,000만, 2,000만, 1,200만 점에 이르렀다.

그렇다면 왜 유럽 국가들은 이런 자기를 생산하지 않은 것일까? 생산하지 않은 것이 아니라 생산하지 못했다. 색이 깨끗하고 두드리면 맑은 소리를 내는 경질자기硬質磁器를 생산할 기술을 유럽은 보유하지 못했던 것이다. 자국에서 막대한 돈이 중국으로 빠져나가는 것을 알면서도 어쩔 도리가 없었다. 그렇다면 이에 대해 유럽 국가들이 택한 전략은 무엇이었을까? 바로 중국으로부터 기술을 빼내는 것이었다.

프랑스의 예수회 신부였던 프랑수아 자비에 당트르콜François Xavier d'Entrecolles은 징더전이 위치한 장시성江西省에 파견되었다. 그는 이 기회를 놓치지 않았다. 가마터를 방문하고, 중국 서적을 뒤지고, 예수회로 개종한 중국인들에게 캐물어 경질자기 제조비법을 알아냈다. 고령토, 장석, 석영이 섞인 재료를 써서 고온에 가열하는 것이 핵심 열쇠였다. 1712년 그는 이 비법을 편지에 적어 프랑스의 예수회로 보냄으로써 수 세기 동안 비밀로 남아 있던 중국식 자기 제조법을 유럽에 전했다. 거의 같은 시기에 독일과 영국도 중국 자기의 비밀을 알아내는 데 성공했다. 독일의 마이센Meissen 자기와 영국의 웨지우드Wedgwood 자기가 탄생할 밑거름이 마련된 것이다.

정보가 중국으로부터 빠져나갔다는 사실은 중국이 상대적으로 기술적 우위에 있었음을 의미한다. 이런 양상은 이미 6세기에도 나타난 바 있었다. 일찍이 로마시대부터 중국은 비단이라는 신비로운 직물의 공급지로 이름이 높았다. 비단 수입량이 너무 많아 로마제국의 재정에 위협이 된다는 불만이 나올 정도였다. 동로마제국은 페르시아의 사산왕조에서 비단을 수입했는데, 페르시아가 무역을 자주 중단하자 대안을 모색하게 되었다. 551년 기독교 일파인 네스토리아교(경교) 수도사 두 명이 중국

II. 대항해시대와 중상주의 시대

도7-4 얀 판데르스트라트(조반니 스트라다노), 「누에」, 1590~1605년경

에 들어갔다. 이듬해 그들은 황제 유스티니아누스의 뜻에 따라 누에고치를 몰래 빼내는 계획을 실행에 옮겼다. 이들이 중국의 기술 누설 금지정책을 피할 수 있었던 데에는 대나무 지팡이 안에 누에고치를 몰래 숨겨 나온 꾀가 결정적으로 작용했다. 문익점이 목화씨를 국내에 들여온 것보다 800년 앞선 이야기다. 얀 판데르스트라트Jan van der Straet, 1523~1605 (일명 조반니 스트라다노)의 작품을 판화로 제작한 위의 그림도7-4이 이 장면을 묘사하고 있다. 두 수도사가 경건한 자세로 지팡이에 든 누에고

치를 황제에게 바치고 있다. 그 뒤로 누에를 키워 비단을 만드는 과정을 그린 그림이 액자에 담겨 있다.

산업스파이는 기술이 발달한 곳에서 기술을 빼내기 위해 등장한다. 세계 최초로 산업혁명을 이끈 영국에서 18세기부터 산업스파이 활동이 가장 두드러졌던 것은 당연하다. 주변국들은 영국이 보유한 신기술을 호시탐탐 노렸다. 특히 프랑스는 영국의 기술을 빼오기 위해 국가 차원에서 체계적인 노력을 기울였다. 산업 기술과 지식을 가진 제조업자와 상인을 꾀어 프랑스로 데려오기 위해 금전적 유인을 포함해 갖은 수단을 동원했다. 영국이 이를 가만히 지켜볼 리 없었다. 신기술이 해외로 빠져나가지 못하도록 기술 유출을 강력히 금지하는 법을 제정했다.

산업스파이를 막기 위해 영국이 펼친 노력이 늘 성공한 것은 아니었다. 세계 경제사에 중대한 영향을 미친 산업스파이 활동으로 영국의 면공업 기술을 미국으로 가져간 사건을 들 수 있다. 이 사건의 주인공인 영국인 새뮤얼 슬레이터Samuel Slater는 어려서부터 면 공장에서 일했다. 그는 산업혁명을 대표하는 발명가 리처드 아크라이트Richard Arkwright가 만든 수력방적기를 사용하는 공장주에게 도제교육을 받았다. 스물한 살이 되자 그는 면방적 기술을 완전히 익혔다고 자부하게 된다. 당시 영국은 기술 유출 금지법을 엄격히 시행하고 있었다. 그러나 아직 공업화를 시작하지 못한 미국에서는 신기술을 가지고 들어오는 사람에게 큰 보상을 해줄 준비가 되어 있었다. 1789년 슬레이터는 마침내 방적기계 디자인을 꼼꼼히 외우고서 뉴욕행 선박에 몸을 실었다. 로드아일랜드에서 투

도7-5 **새뮤얼 슬레이터가 세운 미국 최초의 면 공장, 1790년경**
The Bridgeman Art Library/이매진스

자자를 찾은 그는 자신의 지식과 기술을 총동원해서 미국 최초의 수력방
적공장을 짓는 데 성공했다. 위의 그림 도7-5은 이 공장의 모습을 보여준
다. 급류가 몰아치는 계곡에 위치한 공장이 역동적으로 느껴진다. 미국
산업혁명의 시작을 알리는 기념비적 상징물이다.

1807년 영국이 미국과의 전쟁을 앞두고 대미 금수조치를 취했다.

그러자 이때부터 미국에서 수많은 면 공장이 설립되었다. 슬레이터의 면 공장이 본보기가 되었음을 두말할 나위가 없다. 1812~15년의 전쟁이 끝날 무렵 미국에는 140개의 면 공장이 운영되면서 26만 명의 노동자를 고용했다. 이런 성과를 바탕으로 슬레이터는 미국의 공업화를 대표하는 인물이 되었다. 앤드루 잭슨 대통령은 그를 '미국 산업혁명의 아버지'라고 칭송했다. 영국에서 '배반자 슬레이터Slater the Traitor'라고 부른 것과 대조적이었다. 미국인에게는 경제대통령으로 추앙받은 그였지만 영국인에게는 산업스파이였을 뿐이다.

산업스파이의 활동은 이후에도 계속되었다. 19세기 후반부터 많은 국가들이 공업화의 길에 접어들면서 기술 유출의 유인은 더욱 커졌다. 후발국은 선발국이 가진 핵심 기술을 빼오기 위해 갖은 꾀를 짜냈다. 기업가 개인만이 기술을 유출하려 시도한 게 아니라 국가가 이런 행위를 묵인하거나 심지어 적극적으로 도와주기까지 했다. 20세기 중반 세계질서가 냉전체제로 재편되자, 국가 차원의 산업스파이 활동은 더욱 중요해졌다. 특히 반대 진영에서 개발한 신기술을 빼오기 위해 혈안이 되었다. 체제 경쟁이 붕괴된 오늘날에도 산업스파이 활동은 끊임없이 진행되고 있다. 산업스파이 활동은 제도화된 기술 이전의 장벽을 비밀스런 방식으로 뚫는 독특한 종류의 '교류'다. 이를 통해 지구는 오늘날에도 지극히 은밀한 방식으로 세계화되고 있다.

정밀 태엽시계가
해상제국의
기반을 닦다

경도법과 해양시계

도8-1

● 윌리엄 터너, 「수송선의 난파」,
1810년경

무시무시한 파도가 거친 기세로 휘몰아친다. 왼편 위쪽으로 돛대가 부러진 대형 선박이 뒤집히기 직전이고 떨어져나간 돛은 불길에 휩싸여 있다. 가까스로 탈출한 선원들을 실은 구명정들이 금방이라도 파도에 넘어갈 듯 위태롭다. 가공할 위력의 대자연과 무기력하기 짝이 없는 인간이 극명한 대조를 이룬다. **이 작품의 역사적 배경은 무엇일까? 그리고 인간은 이런 재난을 극복하기 위해 어떤 아이디어를 짜냈을까?**

영국을 대표하는 화가 윌리엄 터너J. M. William Turner, 1775~1851는 1800년대 초부터 폭풍우에 휩싸인 바다 모습에 푹 빠졌다. 그는 네덜란드에 가서 이 주제의 그림들을 자세히 공부하고 돌아왔다. 그는 1805년에 「수송선의 난파」도8-1를 그리기 시작해 5년 후인 1810년에 마무리 작업을 하고 있었다. 그해 영국 전함 미노타우로스 호HMS Minotaur가 네덜란드 연안에서 좌초하여 선원 500명이 사망하는 사고가 발생했다. 나쁜 날씨와 위치 측정 오류가 빚은 참사였다. 이 사고에 세간의 관심이 집중

되자 터너는 그림 제목을 '미노타우로스 호의 난파'라고 붙여 발표했다. 원래 소재는 난파한 상선이었지만 대중의 이목을 받는 게 우선이었다.

영국과 네덜란드의 화가들은 난파선 그림을 많이 남겼다. 그 이유는 무엇일까? 무엇보다 중상주의 시대에 대양을 주름잡은 국가들이니 난파 사고를 경험한 사례가 많았다. 또한 철도와 공장이 등장하기 전에는 해상 조난사고만 한 대규모 재해가 드물었다. 대자연의 위력 앞에 속절없이 희생되는 무기력한 인간이라는 비극적 주제에 화가들이 주목한 것은 당연했으리라. 사실 미노타우로스 호 참사가 영국이 경험한 최악의 난파사고는 아니었다.

약 1세기 전인 1707년 여름, 유럽 국가들이 스페인계승전쟁에서 편을 갈라 해전을 치르고 있었다. 영국 해군은 프랑스 남동부의 군항 툴롱을 공격한 후 귀환 명령을 받았다. 스물한 척으로 구성된 함대는 지중해를 벗어나 군항 포츠머스로 돌아오는 길에 예상치 못한 악천후를 만났다. 한 치 앞을 분간하기 어려운 폭풍 속에서 함대는 위치를 잃었다. 가장 치명적인 문제는 경도를 제대로 파악하지 못했다는 점이었다. 안전한 해로를 따라가고 있다고 생각한 함대가 실은 험한 바위들로 악명 높은 실리제도Scilly Islands를 향하고 있었던 것이다. 결국 네 척의 함선이 예상치 못한 암초에 부딪혀 좌초되고 말았다. 오른쪽 그림도8-2은 이 해난사고를 묘사한 판화작품이다. 전면에 크게 그려진 선박이 90문의 포를 장착한 어소시에이션 호HMS Association인데, 배에 타고 있던 약 800명의 승조원 전원이 이 사고로 사망했다. 나머지 세 척도 비극적 사태를 벗어나

II. 대항해시대와 중상주의 시대

도8-2 실리 해난을 묘사한 판화, 18세기

지 못했다. 네 척의 침몰로 인해 총 2,000명에 육박하는 승조원들이 아
까운 목숨을 잃고 말았다.

　소식을 접한 영국 사회는 발칵 뒤집혔다. 소중한 승조원들이 목숨
을 잃었을 뿐만 아니라 귀중한 국가 자산인 군함과 무기의 손실도 막심
했다. 유럽의 패권을 놓고 영국이 스페인, 프랑스, 네덜란드 등의 경쟁국
들과 한창 치열한 승부를 벌이던 시기에 발생한 대참사였다. 앞으로도
이런 사태가 발생한다면 제해권制海權 장악과 무역강국 건설이라는 영국
의 꿈은 물거품이 되고 말 것이었다.

경도를 정확히 파악하는 작업은 단순히 안전 확보와 과학적 성취만을 의미하는 게 아니었다. 콜럼버스의 역사적 항해 이후 유럽 국가들은 앞 다투어 새 항로를 개척하고 식민지를 건설했다. 이렇게 막이 오른 중상주의 시대를 선도하려면 무역에서 앞서야 했고, 대양을 누빌 수 있는 강력한 해군력을 갖춰야 했다. 이를 위해서 상선이든 군함이든 항해 중에 자신의 위치를 정확히 파악하는 게 필수임은 당연했다. 위도는 측정하기가 어렵지 않았다. 정오에 태양이 위치한 각도를 측량함으로써 위도를 정확히 알 수 있었다. 밤이라면 특정한 별의 위치를 재는 방법도 가능했다. 이와 달리 경도는 효과적인 측량 방법을 찾기 어려웠다. 목성 주위를 도는 네 위성인 '갈릴레이 달들'의 움직임을 망원경으로 관측하여 시간 경과를 파악함으로써 경도를 추정하는 방법이 제시되었지만, 항해하는 선박에서는 이 방법의 실용성이 크게 떨어졌다. 맑은 밤 이외에는 관측이 불가능했던 것이다.

유럽 국가들은 경도 문제를 해결하기 위해 고심했다. 자국의 최고 두뇌들이 이 문제에 뛰어들어 해결책을 찾아 주길 바랐다. 다른 국가들과 경제적·군사적 경쟁을 치열하게 벌이고 있던 국가들은 여기에서도 경쟁체제를 활용하자는 아이디어를 고안해 냈다. 경도 문제를 해결하는 사람에게 국가가 포상을 한다는 아이디어였다. 16세기 말 이래 포르투갈, 스페인, 네덜란드가 모두 이런 포상 제도를 내걸었다. 그러나 18세기 초까지도 상을 받을 만큼 두드러진 성과는 등장하지 않았다.

이번에는 영국 차례였다. 1714년 영국 의회가 경도법Longitude Act을

도8-3　경도위원회의 모임(해군성의 회의실), 애커만의 『런던의 축소판』의 3번 도판, 1808년

제정했다. 경도를 정확하게 측정하는 방법을 개발하는 이에게 최대 2만 파운드, 오늘날 가치로 260만 파운드(약 39억 원)에 이르는 상금을 수여 하기로 했다. 단, 오차가 56킬로미터 이내여야 한다는 조건이었다. 오차 가 이보다 클 경우에는 의회가 구성한 경도위원회Board of Longitude의 판 정에 따라 합당한 금액을 주기로 했다. 당시 영국 과학계를 이끌던 물리

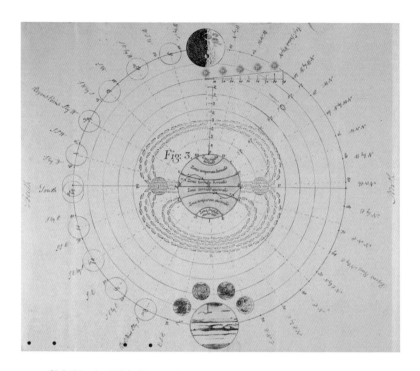

도8-4 천체 탐구, 경도위원회 기록, 1714년

학자 아이작 뉴턴Issac Newton과 핼리혜성의 발견자 에드먼드 핼리Edmund Halley가 이 기획을 주도했다. 위원들은 제안된 다양한 경도 측량법에 대해 신뢰도를 검증하고 상금을 결정했다. 경도위원회의 모임 장면을 보여주는 그림도8-3에서 참석자들의 복장과 가발, 회의장의 분위기를 통해 위원들의 사회적 위상을 짐작할 수 있다.

　　그렇다면 경도 문제의 해결책도 과학자들의 두뇌에서 나왔을까?

　　●　　　　　　　　　　　　　　　　Ⅱ. 대항해시대와 중상주의 시대

뉴턴을 포함한 과학자들 대부분은 천체의 움직임에 해답의 열쇠가 있을 것이라고 보았다. 별과 달의 상대적 위치 변화가 단서가 될 것이라는 추측이었다. 왼쪽 그림58-4은 천체물리학자들이 경도 측정을 위해 궁리한 자료를 보여준다. 지구를 중심으로 북쪽으로는 달이 그려 있고 남쪽으로는 목성과 목성 주위를 도는 갈릴레이 위성들이 묘사되어 있다. 그러나 해결의 열쇠를 천체에서 찾으려는 과학자들의 시도는 원하는 결실을 거두지 못했다. 여러 방법들이 제시되었지만 이들 중에서 경도법의 기준을 충족하는 것은 없었다.

천체물리학적 이론과 관측에 의존하려는 과학자들과 달리, 성능이 뛰어난 시계를 제작하는 데 심혈을 기울인 이들도 있었다. 선박이 위치한 바다 위의 특정 지점에서 시간을 정확히 계측할 방법이 없다는 점이 문제였다. 정확한 시간 측정이 가능하다면 경도를 파악하는 게 수월할 것이다. 그런데 당시의 시계는 오래도록 정확도를 유지하지 못했다. 출렁이는 선박 위에서는 정확도가 더 떨어졌다. 게다가 장거리 항해를 위해서는 소금기에 부식되지 않아야 하며 온도, 습도, 압력에 영향을 받지 않아야 했다. 바로 이런 이유들 때문에 뉴턴은 해상에서 정확하게 작동하는 시계를 만드는 게 불가능하다고 확신했다.

하지만 존 해리슨John Harrison은 달랐다. 영국 북부의 시골 출신 시계공이었던 해리슨은 스물한 살 되던 해에 경도법에 대한 소식을 들었다. 그는 고도의 과학 지식을 갖추지는 않았지만 시계를 제작하고 수리하는 데에는 자신이 있었다. 그는 해상에서 시간을 정밀하게 잴 수 있는

도8-5 토머스 킹, 「존 해리슨의 초상」, 1766년경

기계장치를 제작함으로써 경도 문제를 해결할 수 있다고 확신했다. 우선 전통적으로 사용되던 시계추 방식을 버리는 대신 두 개의 밸런스가 배의 움직임을 상쇄하는 혁신적 구조를 설계했다. 온도 변화의 영향을 줄이기 위해 격자형 진자를 개발했다. 또한 부품 수를 가능한 한 줄였고, 마찰을 최소화하는 소재로 바꿨다. 이런 노력 끝에 '시간을 측정한다'는 의미로 '크로노미터chronometer'라고 명명된 첫 해양시계 H1을 1735년에 선보였다. 그리고 끊임없는 개량을 통해 1740년대에 H2와 H3가 차례로 탄생했다. 그 과정에서 바이메탈 띠, 롤러베어링 같은 개량이 더해졌다. 시간이 흘러도 해리슨의 혁신은 멈출 줄 몰랐다. 예순여덟 살 때인 1759년, 마침내 그는 작지만 빠르고 정확한 밸런스를 갖춘 회중시계 H4를 만들어냈다. 지름 13센티미터에 불과한 이 자그마한 기계장치는 불굴의 기술자가 수십 년 동안 숱한 시행착오를 거치며 이룩해낸 훌륭한 성과물이었다. 왼쪽 그림도8-5은 토머스 킹Thomas King이 그린 해리슨의 초상인데, 그가 오른손에 자랑스럽게 쥐고 있는 회중시계가 바로 H4다. 오른쪽 어깨 뒤로는 크기가 훨씬 큰 기계장치가 보인다. 이것은 H3다.

　　이제 경도위원회 앞에서 H4의 정확성을 입증하는 일만 남았다. 실험은 1761년 자메이카로 향하는 선박에서 이루어졌다. 81일에 걸친 여정 끝에 H4가 5초의 오차를 보였다. 거리로 환산하면 불과 약 2킬로미터 차이였다. 그러나 과학자들이 주도하는 경도위원회는 이 결과가 우연이라며 재시험을 요구했다. 해리슨은 분통을 터뜨렸지만 어쩔 수 없었다. 바베이도스로 향하는 배에서 2차 실험이 이루어졌는데 결과는 오차

39초, 즉 16킬로미터로 나왔다. 여전히 좋은 기록이었다. 하지만 경도위원회는 여전히 완전한 성공으로 인정하기를 꺼렸다. 이에 분개한 해리슨은 국왕 조지 3세에게 탄원하여 직접 실험을 실시하도록 했다. 1773년 마침내 해리슨에게 상금을 수여하기로 최종 결정이 이루어졌다. 그의 나이 80세, 사망하기 불과 3년 전이었다.

해리슨이 개발한 해양시계는 이후 대양 항해의 필수품이 되었다. 영국의 전설적 탐험가 제임스 쿡James Cook은 1770년대에 태평양을 항해할 때 H4와 유사한 해양시계를 사용했는데, 이것이 항해에 큰 도움이 되었다고 말했다. 선상반란으로 유명해지는 바운티 호HMS Bounty가 1780년대에 타이티로 항해할 때에도 이와 유사한 시계가 사용되었다. 이 기계장치는 19세기까지도 장거리 항해에 필수품이었다. 영국의 대양 제패에 크게 기여한 것은 당연했다.

보상제도는 혁신을 위한 중요한 인센티브가 될 수 있다. 경도 측량 능력을 개선하기 위해 영국 의회가 제정한 경도법, 그리고 최종 수상작이 된 해리슨의 해양시계는 이를 잘 보여주는 역사적 증거물이다. 그러나 해리슨이 최종 수상자로 확정될 때까지 그가 긴 시간 겪은 고난은 보상제도가 현실에서 잘 작동하지 않을 위험이 있다는 사실도 말해준다. 소수의 기득권층이 차별적 장벽을 구축해놓은 사회에서는 능력만 있고 배경이 약한 개인이 잠재력을 발휘하기 어렵다. 그런 사회가 높은 경쟁력을 가질리 만무하다. 혁신을 장려하는 제도를 만들어내고 이를 일관성 있게 유지하는 사회만이 혁신의 과실을 향유할 자격이 있는 법이다.

신교도의 해외 탈출,
프랑스의 쇠락을
초래하다

종교 박해와 경제 쇠퇴

한 여성이 손을 가슴에 얹고 지구본에 발을 올려놓은 채 위에 걸린 유리 구체球體를 올려다보고 있다. 그녀 뒤로는 십자가에 묶인 예수의 그림이 걸려 있고, 탁자 위에는 십자가와 종교서, 포도주를 담는 성배 등 가톨릭 성물들이 놓여 있다. 바닥에는 나뒹구는 사과와 초석에 눌려 피를 흘리는 뱀이 보인다. 왼편으로는 대형 태피스트리가 한쪽으로 걷힌 채 걸려 있다. **이 그림의 시대적 배경은 무엇일까?**

이 그림도9-1은 네덜란드 미술의 황금시대를 대표하는 거장 요하네스 페르메이르Johannes Vermeer, 1632~75가 그린 「가톨릭 신앙의 알레고리」라는 작품이다. 주인공인 여성은 실존하는 인물이 아니라 가톨릭 신앙을 의인화한 것이다. 저명한 화가의 작품이니만큼 여러 미술사학자들이 이 그림에 등장하는 다양한 상징들을 해설했다. 사과는 원죄를 상징하고, 초석에 짓눌린 뱀은 예수에게 제압된 악마를 상징한다. 주인공의 옷은 순수함(흰색)과 하늘(파란색)을 의미하는 색깔이며, 주인공의 손짓은 독실한 믿음을 뜻한다. 신앙은 '지구를 발아래 두는' 것이며, 투명한 구체, 즉 무한한 신을 온전히 받아들이는 상태를 지향하는 것이다.

이런 여러 상징보다 더 우리의 관심을 끄는 것은 왼편의 태피스트리다. 평상시에 주인공의 가톨릭 신앙을 남들이 알아채지 못하도록 태피스트리로 가린다는 뜻이지 않은가! 주인공이 앉아 있는 곳은 가정집에 은밀하게 마련된 기도실인 듯하다. 그림이 제작된 시점에 네덜란드는 신교(프로테스탄티즘)를 공식 종교로 채택하고 있었다. 페르메이르는 혼인을 앞두고 신교에서 구교(가톨릭)로 개종을 했다고 한다. 그렇다면 이 그림은 화가 자신의 상황을 표현한 그림으로 볼 만하다.

「가톨릭 신앙의 알레고리」는 사람들이 자신의 종교를 떳떳하게 드러내놓지 못하는 시대였음을 보여주고 있는 것이다. 이런 시대상은 언제 시작되었을까? 1517년 독일의 비텐베르크 대학교 부속 교회당 정문에 사제인 마르틴 루터Martin Luther가 가톨릭교회의 면벌부免罰符 판매를 비판하는 「95개 논제」라는 문서를 게시했다. 교회의 권위에 정면도전한 루터에 대해 교회는 주장을 철회하라는 교서를 내렸다. 루터가 이를 거부하고 교회와 교리 논쟁을 계속하자 교황은 루터를 교회에서 추방했다. 그러나 루터의 교회개혁 사상은 전 유럽으로 확대되었다. 때마침 구텐베르크가 개발한 금속제 활판인쇄술이 폭발적인 인기를 끌고 있었다. 독일에만 1500년 무렵 200곳이 넘는 인쇄소가 책자를 찍어내고 있었고, 다른 국가들로도 인쇄기술이 빠르게 전파되었다. 루터와 개혁가들의 주장은 인쇄물이라는 새로운 매체를 통해 유럽 전역으로 확산되어, 종교개혁

도9-2 작자 미상, 「촛불이 켜지다」, 1650년경

Reformation이라는 역사적 대사건에 불을 댕겼다. 인쇄술 보급은 오늘날
의 인터넷혁명에 버금가는 정보혁명이었다.

　　종교개혁을 상징하는 이미지로 당시에 가장 폭넓게 알려진 것이
「촛불이 켜지다」도9-2와 같은 도상이다. 1650년경에 제작된 이 그림은
10년쯤 전에 토머스 제너Thomas Jenner가 제작한 동판화를 다시 그린 작
품이다. 테이블을 가운데 두고 위쪽으로는 검은 옷차림을 한 신교를 이
끈 종교지도자들이 앉아 있고 아래쪽으로는 구교를 상징하는 인물들이

도9-3 에두아르드 쇤, 「루터, 악마의 백파이프」, 1535년경

자리하고 있다. 신교 편에는 가운데 책을 펼친 루터와 칼뱅이 보이고, 주위로 위클리프, 후스, 츠빙글리 등이 있다. 구교 편에는 왼쪽부터 추기경, 예수회 신부, 악마, 교황, 수도사가 있다. 화면의 중앙인 테이블 한가운데에 양초가 환하게 켜 있다. 신교 지도자들이 불을 붙인 개혁의 촛불이다. 구교 편의 인물들은 모두 입으로 바람을 불고 있다. 촛불을 끄기 위해서인데, 역부족인 듯 촛불에 흔들림이 없다.

반대편에서 그린 작품은 어떤 모습일까? 「루터, 악마의 백파이프」도9-3는 구교 진영에서 루터를 어떻게 인식했는가를 보여준다. 화가 에두아르트 쉰Eduard Schoen은 루터를 털투성이 악마가 연주하는 백파이프로 묘사했다. 루터의 사상이 악마에 의해 조종 받는 것이라는 내용이다. 이렇듯 신교 진영과 구교 진영은 서로를 공격하는 그림을 많이 제작했다. 서로에 대한 양측의 비난과 조롱은 반복되었고 또 확대되었다. 종교적 프로파간다 대결이라고 할 만했다. 그 속에서 갈등의 골은 깊어져만 갔다.

16~17세기를 거치면서 유럽 곳곳에서 본격적인 종교적 충돌이 발생했다. 신앙적 차이가 불관용으로 불거지고, 이것이 탄압을 낳고 결국 대규모 내란과 전쟁으로 이어지는 악순환이 만들어졌다. 이 과정에서 종교개혁 운동은 교회의 울타리를 벗어나 세속적 이해관계와 뒤얽히게 되었다. 예를 들어 영국의 헨리 8세가 구교와 관계를 단절하고 새로 성공회Anglican Church를 세운 이유는 단지 교황이 자신의 이혼을 반대했기 때문만이 아니었다. 이 단절로 그는 전국에 산재한 구교 교회와 수도원의 엄청난 재산을 일거에 몰수하여 자신의 권력기반을 강화할 수 있었다.

도9-4 프랑소아 뒤부아, 「성 바르톨로메오 축일의 대학살」, 1572~84년

독일에서도 신성로마제국으로부터 독립적 정치세력으로 인정받고자 한 제후들이 신교를 적극 후원했다. 삼십년전쟁(1618~48)으로 절정까지 치달은 유럽의 종교전쟁은 베스트팔렌 조약으로 마무리되었다. 이 조약에 따라 국가 간 국제법적 관계에 대한 기준이 마련되었고, 종교적 관용 원칙에 따라 구교와 신교인 루터파, 칼뱅파는 모두 독립적 지위를 획득했다. 지리적으로 보면 신교 국가들이 북유럽과 서유럽에, 그리고 구교 국가들이 남유럽과 동유럽에 포진했다.

종교개혁은 신앙만의 문제가 아니었다. 종교개혁이 남긴 경제적 영향은 강력했을 뿐만 아니라 장기적이었다. 특히 신교도와 구교도가 각자의 종교 성향에 맞는 지역으로 대규모로 이주함으로써 유럽의 경제적 지형에 큰 변화가 발생했다. 가장 대표적인 것이 프랑스의 신교도인 위그노Huguenot의 사례였다. 15세기부터 프랑스의 역사는 구교와 신교의 갈등으로 짙은 얼룩이 지기 시작했다. 가장 극적인 사건은 1572년 발생한 이른바 '성 바르톨로메오 축일의 대학살'이었다. 신교 신랑과 구교 신부의 결혼식에 맞춰 구교가 일으킨 신교 학살사건이었다. 「성 바르톨로메오 축일의 대학살」도9-4은 위그노 출신인 화가 프랑소아 뒤부아François Dubois, 1529~84가 그린 광란의 학살 장면이다. 그림에는 온갖 방법으로 살인을 자행하는 모습이 마치 백과사전처럼 다양한 사례로 묘사되어 있다. 멀리 성문 앞쪽으로 검은 옷을 입은 인물이 벌거벗은 시신더미를 내려다보며 서 있는데, 그녀가 학살의 주동자로 여겨지는 프랑스 왕비 카트린 드 메디시스Catherine de Médicis다. 이 사건으로 프랑스 전역에서 5,000명에서 3만 명이 목숨을 잃었다.

한껏 높아진 종교 갈등의 수위는 1598년 낭트칙령의 선포 덕택에 가라앉을 수 있었다. 위그노에게도 신앙의 자유를 실질적으로 허용했기 때문이다. 이로써 프랑스 사회는 공존의 호기를 맞는 듯했다. 그러나 프랑스는 이 천금 같은 기회를 살리지 못했다. 1685년 루이 14세가 퐁텐블로칙령을 내려 낭트칙령을 무효화하면서 위그노가 다시 탄압에 직면하게 된 것이다. 다음 그림도9-5은 위그노를 소총으로 위협하여 구교로 개

도9-5 **고드프루아 엥겔만, 위그노를 위협하는 용기병, 1686년**

종할 것을 강요하는 구교 병사의 모습을 묘사한다. 고드프루아 엥겔만 Godefroy Engelmann이 퐁텐블로칙령이 선포된 직후를 배경으로 그린 작품이다. 구교 병사들은 '드래곤'이라는 소총을 소지하고 있었던 탓에 용기병Dragonnades이라고 불렸다. 용기병들은 위그노 집에 제멋대로 머물면서 온갖 악행을 저질렀고 살인도 서슴지 않았다. 위그노에게 개종은 죽느냐 사느냐의 문제가 되었다.

무자비한 박해를 견디다 못한 위그노는 해외로 탈출을 감행했다. 1685~89년에 무려 20만 명 내지 30만 명의 위그노가 영국, 네덜란드,

II. 대항해시대와 중상주의 시대

프로이센, 스위스 등으로 떠났다. 루이 14세 아래에서 오래 재정총감으로 일하면서 프랑스의 중상주의를 이끌었던 장바티스트 콜베르Jean-Baptiste Colbert는 위그노 탄압이 국가 경제에 악영향을 줄 거라고 경고한 바 있었다. 그의 경고는 적중했다. 역사에 등장하는 대다수의 대규모 이주는 빈곤, 기근, 실업과 같은 경제적 원인이 배경이 되었다. 그 경우 이주민은 교육과 기술 수준이 낮은 계층이 대부분이었다. 그러나 위그노의 경우 교육 수준이 높고 직업적으로도 상공업자와 기술자가 많았기 때문에, 이들의 해외 이주는 프랑스에서의 심각한 '두뇌 유출'을 의미했다. 실제로 비단 제조, 보석 가공, 시계 제조, 가구 제작에 정통한 위그노 장인들이 외국에서 새롭게 산업 발달의 기틀을 마련해갔다. 프랑스는 이미 네덜란드와 영국에 비해 국제무역에서 뒤처져 있었는데, 이제 숙련기술과 전문지식을 가진 인력을 경쟁국들에 빼앗겼으니 국가가 입은 타격은 두말할 나위가 없었다. 산업 경쟁력이 낮아지면서 프랑스의 국가 재정은 더욱 궁핍해져 갔다. 훗날 프랑스대혁명으로 이어지게 되는 고난의 길이 이렇게 만들어지고 있었다.

종교개혁의 경제적 영향을 가장 거시적 시각에서 논의한 인물은 막스 베버Max Weber였다. 그는 1904년 『프로테스탄트 윤리와 자본주의 정신』에서 신교 국가와 구교 국가의 경제성과를 비교하고 차이가 발생한 이유를 제시했다. 신교의 금욕적 윤리가 근면과 성실을 강조하는 '자본주의 정신'을 고취시켜 상대적으로 경제 발전에 유리하게 작용했다는 내용이었다. 즉, 교회의 가르침이 세속의 영리 활동에 긍정적인 방향이었기 때문에 신교도들이 더 적극적으로 경제활동에 참여했다는 것이다. 베버는 '경제적 토대'가 '상부구조'를 궁극적으로 결정한다는 카를 마르크스의 주장을 뒤집어 종교라는 상부구조가 경제적 토대에 영향을 강하게 미칠 수 있다는 점을 강조했다. 20세기를 뜨겁게 달군 역사적 대논쟁의 시작이었다. 베버의 주장은 격렬한 논쟁을 불러일으켰다. 어떤 이는 종교와 경제의 관계를 베버가 지나치게 단순하게 이해했다고 비판했다. 정치와 사회제도가 구체적으로 어떻게 작용하는지에 따라 종교와 경제의 관계가 다양하게 나타난다는 주장이다. 다른 이는 경제 발전의 싹이 이미 트고 있던 지역에서 신교가 받아들여진 사례가 많다고 지적했다. 신교가 경제 발전을 이끈 게 아니라 경제 발전이 신교의 성장을 이끌었다는 주장인 것이다. 신교 지역에서 경제성장률이 높았던 것이 주로 교육의 효과라는 설명도 있다. 신교 교리는 신도들이 성서에 직접 의지해 신의 뜻을 파악하라고 강조했기 때문에 신교 지역에서 문자해독률이 높아졌고 이로 인해 인적 자본이 향상되었다는 이야기다. 종교와 경제의 관계는 오늘날에도 계속해서 수많은 연구와 논쟁의 대상이 되고 있다.

종교는 세계화를 이끄는 중요한 힘의 하나였다. 종교가 형성되고 전파되는 과정을 통해 사람들은 사상과 가치관을 흡수하고 교류했으며, 때로는 배척하고 적대시했다. 그리고 이런 상호작용은 종교 차원을 넘어 사람들의 경제생활 전반에까지 중대한 영향을 끼쳤다. 유럽의 종교개혁만큼 이를 잘 보여준 사례도 드물다.

서유럽을 본떠 러시아제국을 건설하라

표트르 대제의 대개혁

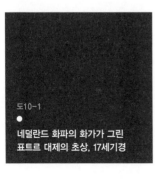

도10-1

네덜란드 화파의 화가가 그린
표트르 대제의 초상, 17세기경

한 사내가 팔짱을 낀 채 앞을 주시하고 있다. 머리는 덥수룩하고 얼굴에는 수염 자국이 거무스레하다. 줄무늬 옷과 찌그러진 모자도 시선을 끈다. 일을 하다 잠깐 쉬는 일꾼처럼 보인다. 이 그림은 17세기 작품으로 추정되는데, 여기에 미스터리한 부분이 있다. 당시 초상화는 왕실 인물이나 귀족, 부유한 상인 등을 대상으로 했는데, **이 사람은 어떻게 그림의 모델이 되었을까? 과연 이 사람의 정체는 무엇일까?**

이 그림의 주인공은 일꾼과는 거리가 멀었다. 그는 러시아 최고의 권력자였던 표트르 대제Peter the Great, 1672~1725다. 표트르가 누구인가? 가난하고 낙후된 상태에 놓여 있던 러시아에서 차르로 등극하여 강력한 지도력을 통해 러시아를 제국의 반열에 올려놓았다고 평가되는 인물이다. 도대체 이런 '대제'가 왜 이렇게 소박하다 못해 초라한 차림으로 그림에 등장한 것일까? 정답은 표트르 대제가 꿈꾼 러시아 개조사업과 관계가 있다.

표트르는 순탄치 않은 어린 시절을 보냈다. 1672년 태어난 그는 열 살이라는 어린 나이에 황위에 오르게 되었으나 궁정의 피비린내 나는 권력암투 속에서 이복동생 소피아에 의해 권좌에서 밀려났다. 이후 그는 모스크바 외곽의 외국인마을에 거주하면서 외국인들과 어울리거나 귀족 자제들과 군대놀이를 하며 소년기를 보냈다. 당시 러시아에는 서유럽에서 온 무역상들이 늘어나고 있었다. 표트르는 외국인마을에서 만난 이방인들과 교유하면서 해외 문물에 대한 견문을 넓혔으며, 낙후된 러시아를 개혁해 선진국으로 만들겠다는 야망을 키웠다.

러시아는 유럽과 아시아에 걸친 영토대국이었지만 결정적인 약점이 있었다. 사시사철 사용할 수 있는 군항을 갖지 못했다는 점이었다. 1689년 러시아는 흑해로 진출하기 위해 오스만제국과 전쟁을 벌였으나 패배하고 말았다. 그런데 이 패배가 표트르에게는 반전의 기회로 작용했다. 그는 패전으로 국내에서 신망을 잃은 소피아를 몰아내고 다시 권좌를 차지하는 데 성공했다. 1695년 러시아는 흑해의 요새 아조프Azov를 얻기 위해 오스만제국과 다시 전쟁을 벌였다. 그러나 이번에도 패배했다. 해군을 갖지 못했던 러시아군은 오스만 영내로 식량과 탄약과 보충 병력이 들어오는 것을 보고도 막을 수가 없었기 때문이다. 이때 참전했던 표트르는 항구와 해군력의 중요성을 다시금 절실하게 느꼈다. 그는 곧 함대 건설에 착수하고 해군 병력을 훈련시켰다. 결국 이듬해에 다시 벌어진 전투에서 아조프를 함락시키는 전과를 올렸다.

그러나 표트르의 진면목은 이제 나타나기 시작했을 뿐이었다.

도10-2 므스티슬라프 도부진스키, 「암스테르담 동인도회사 부두의 표트르 대제」, 1910년

1697년 그는 주위 관료들의 반대를 물리치고 250명의 대사절단Great Embassy과 함께 장장 18개월 동안 독일, 네덜란드, 영국, 오스트리아 등 유럽의 여러 국가들을 방문하기로 결정했다. 목적은 두 가지였다. 첫째 는 오스만제국을 양방향에서 압박할 연합 세력을 찾는 것이었고, 둘째는 선진 문물을 익히고 러시아로 도입하는 것이었다. 당시 유럽 국가들은

왕위계승전쟁으로 여력이 없었기 때문에 표트르는 첫째 목적을 달성할 수 없었다. 그는 둘째 목적에 초점을 맞추기로 마음먹었다. 러시아를 강국으로 만들기 위해서는 대포 조작 기술과 조선술이 가장 필요했다.

그런데 놀라운 점이 있었다. 표트르가 자신의 지위를 감추고 부사관 신분으로 위장하고서 사절단을 따랐다는 사실이다. 먼저 프로이센에서 대포를 조작하는 기술을 배웠다. 다음 행선지인 네덜란드에서는 선박 건조 기술을 배우는 게 주목적이었다. 당시 세계 최대의 규모를 자랑하던 연합동인도회사 소유의 조선소에서 넉 달간 머물면서 그는 조선 기술자뿐만 아니라 요새 건설, 갑문 제작, 선박 운항 등에 전문성을 가진 인물들을 두루 만나고 필요한 지식을 빠르게 흡수했다. 그가 차르라는 사실을 상대국에서 알아차리기는 했지만 표트르는 개의치 않았다. 네덜란드 화가가 그린 앞의 초상화^{도10-1}는 바로 이 시절의 표트르를 보여준다. 초상화 속 표트르는 외모 따위엔 아무 관심도 없다는 표정이다. 팔짱을 끼고 있는 모습도 이채롭다.

네덜란드 방문 시기의 모습을 그린 또 하나의 그림은 20세기 초에 므스티슬라프 도부진스키Mstislav Dobuzhinsky가 제작한 「암스테르담 동인도회사 부두의 표트르 대제」^{도10-2}다. 암스테르담에 소재한 연합동인도회사의 부두가 배경인데, 선박을 건조하느라 분주한 조선소 모습을 보여준다. 표트르는 현지 기술자에게서 전문적인 설명을 듣고 있다. 선진 조선술의 도입이 그에게 얼마나 중요한 과업이었는지 느껴진다. 손에 턱을 괴고 앞을 응시하는 표트르의 포즈에서 마치 그가 러시아의 미래를 설계

도10-3 고드프리 넬러, 「표트르 1세의 초상」, 1698년

하고 있는 것 같은 인상도 받는다.

네덜란드의 조선소에서 기술을 배우는 매우 특수한 상황이 아니었다면 당시 차르의 초상화는 어떤 옷차림과 포즈로 그려졌을까? 영국의 궁정화가 고드프리 넬러Godfrey Kneller, 1646~1723가 그린 표트르의 초상화가 해답을 보여준다. 이 그림도10-3은 표트르가 네덜란드에 이어 영국을 방문하고 있던 1698년에 제작되었다. 당시 명예혁명을 완수하고 영국을 통치하던 윌리엄 3세에게 표트르가 선물로 보낸 그림이다. 윌리엄 3세는 표트르에게 네덜란드보다 앞선 조선술을 소개했고, 수학과 기하학을 배울 기회도 제공했다. 그림을 자세히 보자. 차르는 매끈한 철갑옷을 입고 그 위에 어민ermine이라는 고가의 모피를 덧댄 황금색 긴 망토를 걸쳤다. 망토에 러시아 문장의 쌍두 독수리가 화려하게 수놓아져 있다. 늠름한 포즈를 취하고 있는 차르의 뒤편으로는 보석 박힌 왕관이 놓여 있고 위용 있는 함대의 모습도 보인다. 어느 모로 봐도 목공 차림의 그림과 뚜렷하게 대조된다.

폴란드에서는 뜻밖의 수확을 얻는다. 표트르는 폴란드 국왕 아우구스트 2세를 만나 이야기를 나눴다. 그에게 국제 정세에 대한 설명을 듣고서 표트르는 흑해를 목표로 오스만제국과 싸우는 것보다 발트 해를 목표로 스웨덴을 공략하는 게 낫다는 확신을 갖게 되었다. 표트르에게 새로운 목표가 생기는 순간이었다. 외부로 향하는 러시아의 창窓을 어느 곳에 설치할 것인가에 대해 중대한 변경이 발생한 것이다.

1698년 예상치 못한 사건이 발생했다. 표트르는 러시아 내부에서

도10-4 바실리 수리코프, 「스트렐치 처형일 아침」, 1881년

정변이 일어났다는 소식을 접했다. 소피아가 모스크바의 주력 근위부대
인 스트렐치Streltsy를 사주하여 모반을 획책했다는 소식이었다. 격분한
표트르는 긴 여행을 접고 급히 러시아로 돌아왔다. 그는 곧 반란군을 진
압하고 가혹한 보복에 나섰다. 1,000명이 넘는 스트렐치를 처형했다. 소
피아를 사원에 유폐시키고 창가에 관련자 세 명의 시신을 매달아놓았
다. 아무도 다시는 권력을 넘보지 말라는 무시무시한 경고였다. 「스트

도10-5 러시아 귀족의 수염을 자르는 모습, 17세기 말

렐치 처형일 아침」도10-4은 러시아의 대표적 화가 바실리 수리코프Vasily Surikov, 1848~1916가 그린 처형일의 모습이다. 모스크바의 붉은 광장을 배경으로 사람들이 몰려 있다. 그림의 왼편에 제복이 벗겨져 흰색 옷차림을 한 스트렐치 군인들이 수레에 묶인 채 끌려오고 있다. 반란에 실패해 죄인의 몸이 된 사람들이다. 깊은 슬픔에 잠겨 통곡하는 가족들이 이들을 둘러싸고 있다. 오른편에는 말을 탄 채 매서운 눈초리를 보내는 인물이 있다. 바로 표트르다. 무자비하고 싸늘한 표정이 앞에서 본 그림들이 보여주는 인상과는 영 다르다. 표트르 주위의 진압세력도 모두 차가운 눈빛을 하고 있다. 오히려 죄수가 되어 끌려오는 반란자들은 의연한 모습으로 그려 있다. 표트르의 뒤쪽으로 줄지어 서 있는 교수대들은 곧 진행될 참혹한 처형을 암시하고 있다. 수리코프는 제정 러시아 말기인 1880년대에 이른바 '이동파Peredvizhniki'의 일원으로 활동한 화가다. 이동파는 전제정권의 무능과 부패를 비판하고 민중 계도를 꿈꾸면서 러시아 각 도시에서 전시회를 연 예술가 집단이다. 그림에서 제국의 설립자 표트르 대제가 악역으로 등장하고 반란군이 당당하게 표현된 데에는 이런 시대적 배경이 있었다.

그러나 표트르의 입장에서는 반란이란 러시아의 선진화를 가로막는 반동세력의 준동일 뿐이었다. 저항의 뿌리를 뽑아내야 러시아가 앞으로 나아갈 수 있다고 그는 확신했다. 반대파를 진압한 표트르는 곧 자신이 계획해 온 대개혁을 단행했다. 우선 사회적 구습을 타파하는 것으로부터 시작했다. 봉건 귀족인 보야르boyar와 부유한 상인들에게 긴 코트를 버리고 서구식 의복을 입게 했으며, 전통적으로 기르던 턱수염을 자르게 했다. 러시아인의 자존감을 상징했던 턱수염을 잘라버리라는 '단발령'에 사람들은 불만이 가득했지만 차르의 서슬 퍼런 명령을 거역하기는 어려웠다. 앞의 그림도10-5은 귀족의 수염을 강제적으로 자르는 모습을 캐리커처 형식으로 묘사한다. 큰 체구의 전통 귀족이 날렵한 개혁가에게 어쩔 수 없이 수염을 잘리는 모습이 상징적이다. 많은 사람들이 '처형자 차르'보다 '이발사 차르'를 더 싫어했다. 표트르는 턱수염 자르기에 극렬히 저항하는 사람에게 숨 쉴 공간을 만들어주기로 했다. 매년 상인은 100루블, 관료와 영주는 60루블, 기타 주민은 30루블의 '수염세'를 내면 수염을 간직할 수 있도록 허용한 것이다.

정치적 개혁에도 박차를 가했다. 귀족들이 보유한 무력을 해산시키고 지방 행정을 개혁함으로써 중앙집권적 통치체제를 갖추었다. 성직자는 정치에 관여하지 못하게 금지했다. 경제적으로는 수입품에 높은 관세를 부과해 국내 산업을 보호했다. 공장 설립을 독려했으며 해외 전문가들을 초빙해 기술 유입을 도왔다. 군사 개혁은 더욱 강력했다. 일반 징병제를 실시해 훈련을 실시하고 20만 명 규모의 군대를 갖췄다. 또한 조선소를 건설하고 영주와 교회로부터 거둔 자금으로 많은 전함을 건조했다. 이렇게 준비를 마친 표트르는 1702년 스웨덴이 수비하던 발트 해 연안의 요새들을 공격해 마침내 바다로 나가는 길목을 확보하는 데 성공했다. 대양제국 건설이라는 꿈에 한 발짝 다가선 기쁨의 순간이었다.

표트르의 최종 야망은 유럽풍의 새 수도를 건설하는 것이었다.

도10-6 니콜라이 게, 「아들 알렉세이를 심문하는 표트르 I세」, 1871년

1703년 그는 발트 해의 핀란드 만 유역을 새 도시의 입지로 결정했다. 그가 상트페테르부르크라고 이름을 붙인 이 도시는 곧 러시아 제국의 화려한 수도가 될 것이며, 또한 아시아적 색채가 농후했던 러시아에 유럽의 색깔을 입혀주는 계몽의 관문이 될 것이었다. 그러나 이상적인 도시를 현실화하는 사업은 결코 쉽지 않았다. 표트르는 전국에서 수많은 노동력을 뽑아 열악한 환경에서 사역을 시켰다. 그래도 인력이 부족하자 스웨덴 전쟁포로들을 데려와 강제노역을 시켰다. 가혹한 노동과 사고로 수만 명이 목숨을 잃었다. 한편 건축에 쓰일 석재를 비롯한 여러 물자에 대해 정부가 통제를 강화했다. 상트페테르부르크에 입항하는 선박은 일정량의 석재를 가져와야 한다는 규정도 생겼다.

새 수도의 건설 작업이 진행될수록 여론은 차갑게 변했다. 그러나 표트르는 개의치 않았다. 러시아를 역사상 가장 발전된 국가로 변모시키는 과업에서 어느 정도의 희생은 불가피하다고 생각했다. 그는 반대세력을 수색해 탄압했는데, 이 중에는 표트르가 러시아의 정신을 서유럽에 팔아넘긴다고 여긴 아들 알렉세이도 포함돼 있었다.도10-6 오늘날 상트페테르부르크는 우아한 도시, 개방적인 도시라는 명성을 누리고 있다. 이 도시의 건설이 강압의 역사로 점철되었다는 사실은 참으로 아이러니하다. 표트르는 분명 선진문물을 잘 이해하는 계몽군주였다. 서유럽을 본떠 조국 러시아를 개혁과 근대화로 이끌고 싶어 했던 지도자였다. 그러나 모든 결정을 혼자서 내리는 고독한 전제군주이기도 했다. 그가 꿈꾼 '위로부터의 개혁'은 러시아 역사의 중요한 분기점이 되었다. 러시아는

　　　　　　　Ⅱ. 대항해시대와 중상주의 시대

제국의 위상을 굳건히 세웠고 아시아적 성격을 버리고 유럽적 특징을 받아들이게 되었다. 그렇지만 표트르의 꿈이 100퍼센트 계획대로 이루어진 것은 아니다. 민중의 폭넓은 지지를 받지 못한 채 일방적으로 진행된 국가개조사업은 제한적인 성공에 머무는 데 만족해야 했다.

III

산업혁명의
시대

———

공업화와
세계화

절대왕정을
축출하고
시장경제의 기틀을
마련하다

시민혁명과 자본주의

도11-1
●
카스티안 루익스,
「바니타스 정물 속의
영국 찰스 1세와
프랑스 헨리에타의 알레고리」,
1670년

테이블 위에 화려한 색상의 직물이 깔려 있고, 그 위에 다양한 사물들이 놓여 있다. 선명한 색깔의 산호와 고둥, 월계관을 쓴 해골, 방금 불이 꺼진 양초, 지도책 위에 놓인 지구본, 그리고 조각상 위에서 피어나는 거품 방울이 보인다. 인생의 무상함을 강조하는 이런 소품들은 이 그림이 17세기에 유행한 바니타스 정물화임을 말해준다. 우리의 시선이 집중되는 곳은 중앙에 놓인 책이다. **책에 그려진 인물은 누구일까? 이들은 세계 경제사에서 어떤 역할을 담당했을까?**

플랑드르 출신의 화가 카스티안 라윅크스Carstian Luyckx, 1623~75?가 제작한 이 그림도11-1은 바니타스 정물화의 전형적 요소들을 갖추고 있다. 해골, 양초, 지구본, 고둥, 방울…… 세속의 삶은 아무리 화려하더라도 결국엔 짧고 덧없을 뿐이라는 교훈을 담은 그림이다. 이 그림을 다른 바니타스 정물들과 구분 짓는 소품은 두 인물의 초상화를 담은 책이나. 초상화의 주인공은 영국의 군주 찰스 1세와 프랑스 출신의 왕비 헨리에타 마리아다. 찰스 1세는 1640년대 정치권력을 누가 행사해야 하는가를 둘러싼 혼란 속에서 영국이 내전에 빠져든 시절에 의회 군대에게 패배함으로써 처형을 당한 비운의 왕이다. 왕비 헨리에타는 남편이 죽자 고국 프랑스로 돌아가 쓸쓸히 여생을 보냈다. 왕과 왕비라는 최고 자리에 올랐지만 영화로운 시절은 순식간에 지나가고 곧 고통과 오욕의 시간이 찾아왔다. 그리고 끝내 명예롭지 못한 죽음을 맞게 된 것이다. 세상사가 모두 헛되다는 메시지를 담는 바니타스 정물에 딱 어울리는 인물들이었다.

찰스 1세의 생애는 영국사에서 중대한 전환점을 이룬다. 절대주의의 이상을 품은 그는 권위 있는 국왕이 되고 싶었다. 그러나 그가 즉위한 1620년대는 종교적 갈등이 격화되고 전쟁 위협이 고조되던 혼란의 시기였다. 찰스 1세가 자의적으로 통치권을 강화하겠다고 천명하자 의회는 그들의 승인 없이는 과세할 수 없다는 내용의 「권리청원」으로 맞섰다. 이후 국왕과 의회는 11년 동안 소통 단절의 냉전 시기를 보냈고, 마침내 국왕이 전쟁에 필요한 경비를 마련하기 위해 의회를 열자 양측의 갈등이 폭발했다. 결국 왕당파 Cavaliers와 의회파 Roundheads는 무력항쟁에 돌입했는데, 여기서 왕당파가 패배함으로써 찰스 1세는 대역죄라는 죄명을 안고 형장의 이슬로 사라지게 됐다. 이른바 청교도혁명이었다.

국왕의 처형은 충격적인 사건이었다. 존 위소프 John Weesop가 1649년 찰스 1세가 처형되던 때 현장을 그린 그림도11-2을 보자. 형장에 놓인 나무 둥치 위에서 도끼로 참수되는 장면을 관중들이 지켜보고 있다. 왼편 위쪽으로는 찰스 1세가 재판을 받을 때의 옷차림으로 그려 있고, 그 아래쪽에는 처형대를 향해 걸어가는 왕의 모습이 보인다. 오른편

도11-2 존 위소프, 「목격자가 본 영국왕 찰스 1세의 처형」, 1649년

위쪽에는 도끼를 든 처형자의 손에 찰스 1세의 잘린 머리가 들려 있고,
그 아래쪽에는 관중들이 앞 다투어 손수건에 왕의 피를 묻히는 모습이
묘사되어 있다. 그림 중앙 아래에는 충격에 정신을 잃고 쓰러지는 여성
이 보인다. 화가는 아마도 십자가에서 처형당하는 예수의 모습을 상기시
키고자 했던 것 같다.

　　의회파의 승리는 단순히 권력구조의 변화만을 의미하는 게 아니었
다. 왕당파가 상징하던 절대주의적 질서, 즉 신이 부여한 신성한 권력에
기초해 국왕이 마음대로 통치할 수 있다는 사상의 몰락을 의미했다. 왕

권을 뒷받침하던 신분제가 흔들리게 되었다는 뜻이기도 했다. 경제적으로는 왕실이 특정 집단에게 독점적 거래권을 부여하고 반대급부로 금전적 이익을 수취하는 중상주의 체제가 무너짐을 의미했다. 신분제와 규제 중심의 경제구조가 시민계급과 시장 중심의 자유로운 경제활동에게 자리를 내주게 된 것이다. '시민혁명'은 이처럼 정치적·경제적 권력이 국왕에서 시민계급에게로 넘어온 역사적인 대사건이었다.

한편 내전의 종식으로 공화국이 될 것 같았던 영국은 흥미롭게도 다시 왕국으로 돌아갔다. 1660년 해외 망명 중이던 찰스 2세가 귀국해 왕위에 올랐다. 뒤를 이은 제임스 2세가 독단적 정책을 펴자, 1688년 네덜란드의 총독 오렌지공 윌리엄과 메리 부처를 영국 왕으로 추대하는 무혈의 '명예혁명'이 발생했고 이어서 「권리장전」을 통해 왕권의 한계가 명문화됐다. 영국인이 선택한 장기 균형은 입헌군주정, 즉 왕이 존재하되 왕권은 제약적으로만 행사하는 정치체제였던 것이다. 새 균형점에서 부르주아지는 국왕 및 그를 뒷받침하는 귀족층과 권력을 나누어 가졌다. 이처럼 영국의 시민혁명은 미온적으로 전개되었다. 그럼에도 불구하고 장기적으로 보면 시민혁명이 가져온 효과는 분명했다. 법에 의한 통치라는 원칙이 뿌리를 내리고 개인의 재산권이 철저히 보호받게 되었다는 점이야말로 시민혁명이 창출해낸 '혁명적' 변화였다.

다른 나라에서는 시민혁명이 어떤 방식으로 전개됐을까? 해협 건너 프랑스에서는 영국에서보다 훨씬 극적인 형태로 시민혁명이 일어났다. 1789년 재정난에 처한 국왕 루이 16세가 중세 제도인 삼부회를 소집

III. 산업혁명의 시대

도11-3 작자 미상, 「제3신분의 각성」, 1789년

하겠다고 나선 행동이 발단이 됐다. 구체제 하에서 제1신분인 성직자와 제2신분인 귀족은 대부분의 직접세를 면제받는 등의 특권을 누리고 있었다. 삼부회가 소집될 무렵 이들 신분은 약 50만 명으로 전 국민의 2퍼센트 남짓했다. 나머지 98퍼센트가 제3신분이었는데, 그중 부르주아지가 약 100만 명이었고 나머지는 평민과 농노였다. 부르주아지의 일부는 축적한 부를 바탕으로 점차 귀족과 동질화되어가고 있었다. 그러나 귀족은 부르주아지와 계속 차별화되기를 원했다. 이런 상황에서 루이 16세가 중세 기준 그대로 삼부회를 구성하려 하자 이에 부르주아지가 반발하

면서 혁명이 시작됐다.

혁명 당시에 발간된 인쇄물도11-3을 보자. 부르주아지가 귀족과 성직자에게서 벗어나 독자적으로 무장을 하려는 움직임을 보이자, 다른 두 신분이 화들짝 놀라고 있다. 배경에는 프랑스혁명의 상징인 바스티유 감옥의 공격 장면이 그려져 있다. 혁명 과정에서 정국은 수차례 요동쳤고, 소부르주아와 소농민 계층이 시민군에 합류하면서 싸움은 시민세력에게 유리하게 흘렀다. 마침내 1793년 루이 16세와 왕비 마리 앙투아네트는 단두대에서 생을 마감했다.

유혈혁명을 통해 프랑스는 시민계급이 주도하는 사회가 되었다. 1789년 봉건제도가 폐지되어 영주의 특권과 농노의 예속성과 같은 신분제가 사라졌다. 같은 해 선포된 「인권선언」은 모든 인간이 신분과 상관없이 누려야 할 기본권을 천명했다. 이어서 1804년 나폴레옹 보나파르트가 제정한 민법전(이른바 『나폴레옹법전』)은 사적 소유권의 확립과 계약 자유의 원칙과 같은 자본주의적 사회경제질서의 핵심 원칙을 정립했다. 이런 시민혁명 과정을 거쳐 구체제의 절대왕정, 신분제, 중상주의는 결국 새로운 공화제, 시민적 자유, 경제활동의 개방으로 대체되었다.

미국의 경우엔 시민혁명의 과정이 독특했다. 영국의 식민지 13개 주에서 시작한 미국에게는 극복해야 할 군주제와 중상주의 권력이 대서양 건너편에 있었기 때문이다. 따라서 미국의 시민혁명은 곧 영국으로부터의 독립 쟁취를 의미했다. 영국이 식민지 지배와 국제적 전쟁 수행에 드는 비용을 미국 식민지인들에게 부과하려는 시도가 저항을 촉발시켰

도11-4 에마누엘 로이체, 「델라웨어 강을 건너는 워싱턴」, 1851년

다. 미국은 식민지 주들이 결속하고 영국과 경쟁관계인 프랑스와 스페인
의 지원을 받아 독립전쟁을 힘겹게 승리로 마무리했다. 그리하여 미국은
종속적인 식민지 경제구조를 극복하고 독자적 발전을 도모할 전기를 마
련했다. 그리고 1776년 발표된 「독립선언문」은 시민적 권리를 확인하는
역사적 문서가 됐다.

　　미국의 역사적 분기점을 묘사한 대표적 그림으로 독일 출신인 에마
누엘 로이체Emanuel Leutze, 1816~68가 그린 「델라웨어 강을 건너는 워싱

턴」도11-4이 있다. 1776년 12월 26일 새벽에 얼음이 둥둥 떠다니는 거칠고 위험한 강을 건너 적에게 기습 공격을 가하는 미국 혁명군의 모습을 장엄하게 묘사하고 있다. 1848년 유럽을 휩쓴 2월혁명의 소용돌이 속에서 화가가 혁명운동으로서 미국의 독립전쟁을 떠올리며 제작한 작품이다. 뱃머리에 늠름한 자세로 서 있는 이가 워싱턴 장군이고 그 뒤에 미국기를 안고 있는 이는 훗날 대통령이 되는 제임스 먼로다. 자세히 보면 미국기는 오늘날의 성조기와 모양이 다르다. 열세 개 주를 상징하는 열세 개의 별이 원형으로 나열된 형태다. 그런데 역사적으로 보면 이 국기는 1777년에 처음 사용되었다고 한다. 그림의 배경인 1776년이라면 별이 있는 자리에 영국기인 유니언잭의 모양이 있는 이른바 '그랜드유니언기 Grand Union Flag'가 들어가는 게 합당하다. 하지만 이런 오류는 이 그림이 전해주는 압도적 이미지에 비하면 사소하게 느껴질 뿐이다. 특히 독립전쟁에 미국인 모두가 뜻을 모으고 있다고 강조하는 듯한 인물 구성이 시선을 끈다. 직업적으로는 군인과 사냥꾼과 농민을 포괄하고, 인종으로는 백인만이 아니라 흑인과 인디언까지 포함한다. 비역사적이긴 하지만 강력한 메시지를 전달하는 역사화다.

영국으로부터의 독립이 미국의 시민혁명을 의미하기는 했지만, 완전한 시민혁명이라고 부르기에는 부족한 면이 있었다. 서유럽에서와는 달리 미국에서는 신분제를 쉽게 철폐할 수 없었기 때문이다. 기본권은 아직 백인에게만 적용될 뿐, 아프리카에서 끌려온 흑인 노예들은 여전히 신분제의 굴레에 얽매여 있었다. 미국 남부의 경제는 노예를 대규모

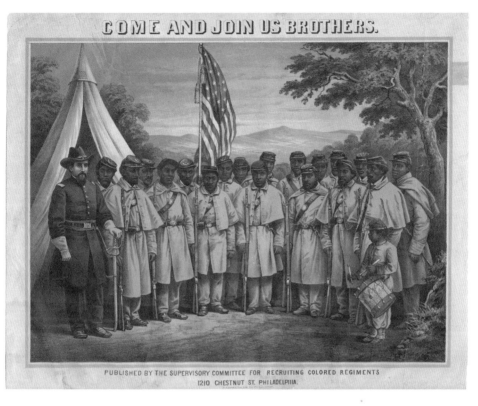

도11-5 병사 모집 포스터, 「와서 합류하라, 형제들이여」, 컬러 리소그래피, 1863년경

로 고용하는 플랜테이션을 중심으로 운영되었다. 상공업이 성장하고 있
는 북부에서는 노예가 별로 중요하지 않았지만 남부 지주들로서는 노예
없는 경세를 상상할 수 없었다. 이런 이해관계 탓에 노예제의 철폐는 엄
청난 사회적 갈등 없이는 이뤄질 수 없었다. 이 미완의 과업은 남북전쟁
이라는 대규모 내전을 통해서야 완수됐다. 1863년 링컨 대통령이 「노예

해방선언」을 발표하고, 흑인에게 연방군(북군)에 참가할 것을 독려했다. 앞의 그림도11-5은 이듬해에 흑인의 신병 등록을 촉구할 목적으로 제작된 북군의 포스터다. 전쟁이 끝날 때까지 총 18만5,000명의 흑인이 166개의 부대에 소속되어 싸웠다. 이 가운데 열한 개가 필라델피아의 '윌리엄 펜'에서 조직되었다. 이 그림이 묘사한 부대가 그중 하나다. 노예해방선 언에는 남군의 전열을 흔들려는 전략적 의도가 담겨 있었지만, 거시적으로 보자면 신분제의 폐지를 통해 시민혁명을 마무리한다는 역사적 의의를 지녔다. 이렇듯 미국에서는 시민혁명이 두 개의 역사적 사건을 통해 전개됐다. 오늘날 역사가들은 독립전쟁을 1차 시민혁명으로, 그리고 남북전쟁을 2차 시민혁명으로 부른다.

사회주의가 러시아혁명을 통해 역사적 실체가 된 것은 널리 알려져 있지만, 자본주의의 토대 역시 혁명을 통해 마련되었다는 사실은 간과하기 쉽다. 영국, 프랑스, 미국은 나름의 방식으로 시민혁명을 경험했다. 발생 시기와 배경에는 차이가 있었지만 이 국가들은 공통적으로 중요한 성과를 이뤘다. 이제 개인은 신분에 구애받지 않고, 자신의 재산을 부당하게 침해받을 염려 없이, 자유롭게 경제활동에 나서게 되었다. 그리고 새로 권력을 쥔 부르주아지는 법치주의로 무장하고서 경제제도와 정책을 자신의 이익에 부합하는 방향으로 만들어갔다. 시민혁명은 이로써 자본주의적 경제발전이 가속화될 기반을 탄탄하게 마련하게 되었다. 참으로 혁명적 변화였다.

세기의 발명은
필요한 때,
또 가능한 때
이루어진다

발명과 상대가격

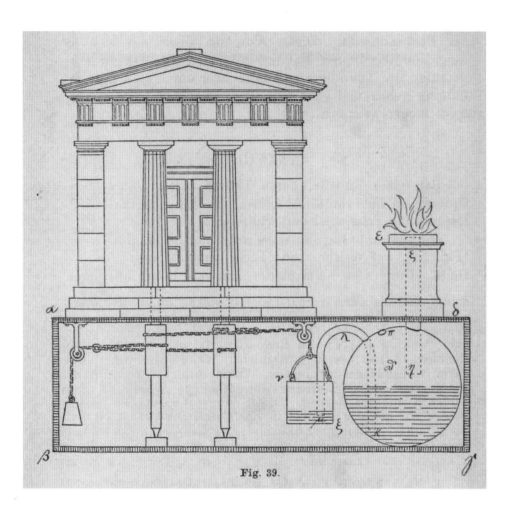

Fig. 39.

도12-1

●

헤론의 자동문 원리,
『공기역학과 자동장치』
176쪽 1899년

알렉산드리아의 헤론Heron은 고대 유럽의 수학과 공학 기술을 상징하는 인물이다. 그는 1세기에 활약한 학자로, 물과 공기와 기계장치를 결합해 기발한 발명을 많이 한 것으로 유명하다. 그가 고안한 신전 자동문의 원리를 보여주는 설계도가 여기 있다. **자동문은 어떤 방식으로 작동하는 것이었을까? 그리고 이런 자동문은 당시에 널리 제작되어 사용되었을까?**

자동문의 작동 원리는 이렇다. 신전 앞에 도착한 사람이 오른쪽에 보이는 화로에 불을 피운다. 화로는 지하의 기계장치와 연결되어 있다. 화로 아래에는 물이 절반 찬 구체가 설치되어 있다. 화로의 열기가 아래로 전해지면 구체 내의 공기가 팽창하여 물을 파이프를 통해 양동이로 밀어낸다. 그러면 양동이의 무게가 증가해 도르래와 사슬로 연결된 신전의 밑기둥을 돌리게 된다. 이런 방식으로 문이 열리게 된다. 이 장치가 작동되는 것을 본 사람은 놀라지 않을 수 없었을 것이다. 화로에 불을 놓자 잠시 후에 신전의 문이 자동으로 열리다니! 마치 신전을 감싸는 영묘한 힘이 작용한 것처럼 느껴졌을 것이다.

실제로 이런 자동문이 고대 신전들에서 널리 사용되었을까? 그런 기록은 현재까지 발견되지 않았다. 자동문을 제작하거나 사용한 기록이 없는 것으로 볼 때 이 장치는 천재적 공학자 헤론의 머릿속에 머무른 아이디어였다고 보는 게 옳을 것이다. 그렇다면 왜 이 신묘한 장치는 실용화되지 않았을까? 우선 시간이 문제였다. 화로에 불을 피우고 한참이 지나야 기계장치의 작동이 끝나 문이 열렸을 것이다. 또 누구든 신전 문을 열 수 있을 테니 보안도 문제였을 것이다. 더 근본적인 이유는 문 앞에 경비를 세우는 데 비용이 많이 들지 않았기 때문이다. 노예가 많았던 시기였으니 체구 좋고 방문자를 꼼꼼하게 관리하는 능력이 뛰어난 자를 뽑아 경비 업무를 맡기는 게 더 나은 선택이 아니었을까. 양질의 노동력을 낮은 비용으로 쓸 수 있는 시대에 자동문은 기술력이 없어서가 아니라 굳이 만들 필요가 없었기에 실용화되지 않았던 것이다.

유럽 고대의 발명가로 헤론이 있었다면 중세에는 콘라트 카이저 Konrad Keyser, 1366~1405가 있었다. 독일 지역 출신의 군사 기술자였던 카이저는 『전쟁요새Bellifortis』라는 저서를 통해 자신이 고안한 수많은 발명품들을 선보였다. 오른쪽 그림도12-2은 말을 이끌어 강을 건너는 장치를 보여준다. 강의 양쪽에 기둥을 세우고 밧줄로 두 기둥을 잇는다. 이 밧줄에 추가로 줄을 걸어 반대편 기둥에 연결한다. 말들을 이 줄에 걸어 물에 빠지지 않게 하고 승마자가 말을 채찍으로 몰면 말들이 물에 빠지지

도12-2 콘라트 카이저, 『전쟁요새』의 삽화, 15세기 중엽

않고 무사히 강을 건너게 된다. 일견 창의적으로 보이긴 하지만 현실에
서 이 장치가 널리 사용되었을 것 같지는 않다. 중세 유럽에서 말, 특히
전투에 사용되는 질 좋은 군마는 값이 매우 비싼 자원이었다. 값비싼 말
을 이렇게 힘들고 위험이 따르는 방식으로 강을 건너게 하는 것이 바람
직했을까? 바지선에 사람과 말을 태우고 반대편에서 끄는 방식, 또는 배
위에 구조물을 설치해 말을 고정시키고 노를 저어 건너는 방식이 더 안
전하고 손쉬웠을 것이다.

창의적인 발명 아이디어들은 고대와 중세에도 인류의 지식과 기술이 만만치 않았음을 우리에게 말해준다. '여건'만 허락했더라면 창의적인 두뇌가 생각해 낸 기발한 발명품들이 현실에서 더 일찍 제작되고 사용되었을 것이다. 이 '여건'의 중심에 생산요소와 자원의 상대가격이 있다. 노예노동이 값싸고 풍부했던 고대에 사람들은 자동문이 필요 없었고, 값비싼 말이 힘을 써야만 강을 건너게 할 수 있는 장치는 중세에 경제성이 없었다. 희소해서 값이 비싼 생산요소와 자원을 대체하는 발명이어야만 현실에서 의미가 있는 것이다.

발명의 이런 속성이 전면적으로 드러난 것은 산업혁명 시대를 맞아서였다. 과거에 발명이 소수의 호기심 많고 재기 넘치는 인물들에 의해 이루어졌다면, 산업혁명 시대에는 만인의 관심사로 떠올랐다. 발명은 더 이상 지적 유희가 아니라 현실 세계에서 부와 명예를 가져다주는 보물 상자로 여겨지게 되었다. 여기서 한 가지 질문을 던져보자. 왜 영국이 산업혁명 시기에 기술진보 경쟁에서 다른 국가들을 제치고 선두에 설 수 있었을까? 이에 대해 그간 학자들은 다양한 설명을 제시해 왔다. 노동 공급이 원활했다, 자본시장이 발달했다, 천연자원이 풍부했다, 도전적 기업가정신이 가득했다, 재산권 보호가 잘 되었다, 지리적 조건이 유리했다 등등. 그러나 이런 설명 각각에 대한 반론도 많이 제기되었다. 특히 영국이 성공했다는 사실을 전제하고서 영국 사회가 다른 국가들과 어떻게 달랐는지 차별화하는 요인들을 추출하는 방식은 지나치게 결과론적이어서 설득력이 약하다는 비판을 받았다. 이런 '영국 예외주의British

Exceptionalism' 접근법으로는 여러 국가들을 공정하게 비교하기 어렵다는 것이다.

　이런 비판을 수용해서 근래에는 생산요소의 상대가격 차이를 강조하는 설명이 각광을 받고 있다. 다른 국가들과 비교할 때 영국 경제는 두 가지 특징이 있었다. 첫째, 영국은 18세기부터 유럽은 물론 세계적으로 일인당 임금 수준이 가장 높은 국가였다. 둘째, 유럽에서 17세기부터 목재에 대한 수요가 크게 늘면서 목탄 가격이 상승했는데, 영국에는 그간 사용하지 않았던 새 에너지원인 석탄이 풍부하게 매장되어 있었다. 즉, 노동의 상대가격이 높았던 반면에 석탄의 상대가격이 낮았다. 따라서 영국 경제에서는 노동을 적게 고용하고 대신에 석탄을 많이 사용하는 기술을 개발할 유인이 컸다. 그 해결책이 바로 증기기관의 개발이었다. 산업현장에서 활용할 수 있는 증기기관을 개발하려는 노력은 제임스 와트 James Watt, 1736~1819가 응축기를 장착한 성능 좋은 증기기관을 발명함으로써 정점을 찍었다. 그리고 증기기관은 다시 면직공업, 제철공업, 석탄공업, 철도업을 발달시키는 도미노 효과를 낳았다. 이와 대조적으로 상대가격의 조건이 영국과 달랐던 국가들은 전혀 다른 상황을 맞을 수밖에 없었다. 증기기관은 수력이 풍부한 프랑스나 노동력이 풍부한 인도에서는 경제성이 없었다. 노동 절약형 기술진보는 영국의 공장주들에게만 각별히 구미가 당기는 메뉴였다.

　증기기관의 발달은 당시 사람들에게 깊은 인상을 남겼다. 공장과 광산은 물론 교통수단에서도 혁명적인 변화가 일어났다. 런던 시내의 화

도12-3 헨리 앨켄, 「증기의 진보」, 1828년

이트채플 로드Whitechapel Road가 앞으로 어떤 풍경으로 변하게 될지 헨
리 앨켄이 상상해서 그린 작품 「증기의 진보」도12-3를 보자. 다양한 형태
와 크기의 차량들이 화면을 가득 채우고 있는데, 내뿜는 연기에서 알 수
있듯이 모두 증기기관으로 움직이는 방식이다. 차량마다 수많은 사람들
과 각종 음식물들이 빼곡하게 들어차 있는 모습이다. 화가는 리듬감 넘
치는 말발굽 소리를 내며 우아하게 달리는 마차들이 시끄럽고 정신없는
증기차들에 의해 대체되는 변화를 원하지 않았던 것 같다.

III. 산업혁명의 시대

도12-4 니콜라조제프 퀴뇨가 개발한 증기자동차

증기로 작동하는 자동차를 처음 개발한 사람은 사실 영국인이 아니라 프랑스 기술자인 니콜라조제프 퀴뇨Nicolas-Joseph Cugnot였다. 그가 1769년에 제작한 증기자동차는 파리 시내를 시속 4킬로미터의 속도로 달렸다. 바퀴 셋 달린 동체에 커다란 보일러를 올려놓은, 다소 우스꽝스런 형태였다. 위의 그림도12-4이 이 증기자동차의 모습을 보여준다. 발명품이 초기부터 만족스러운 수준일 수는 없는 법이다. 제동이 제대로 되지 않아 운전자의 통제를 벗어난 증기자동차가 담벼락에 충돌해서

돌조각들이 떨어지는 모습을 그림은 보여준다. 세계 최초의 자동차 사고였을 것이다.

퀴뇨의 증기자동차는 개발된 지 얼마 지나지 않아 영국에 소개되었고, 뒤이어 솜씨 좋은 영국 기술자들에 의해 다양한 형태로 개조되었다. 영국은 기초과학에 있어서는 프랑스에 뒤졌을망정 기계를 다루고 설치하고 운영하고 개량하는 능력에 있어서는 프랑스보다 앞섰다는 평을 듣고 있었다. 1826년에는 28인승 차량이 런던에서 정기적으로 운행되기에 이르렀다. 이 그림의 화가는 머지않아 도시들이 수많은 증기자동차에 의해 점령되리라고 예측했을 것이다. 당시 상황으로 본다면 개연성이 무척 높은 예측이라고 볼 만했다.

그렇지만 이후의 기술진보 방향은 오늘날 우리가 아는 것처럼 화가의 예측과는 달랐다. 1886년 독일의 고틀리프 다임러Gottlieb Daimler와 카를 벤츠Karl Benz가 내연기관을 발명함으로써 자동차의 역사에 새 경로가 그려졌다. 이들은 새로운 연료로 등장해 고효율을 보인 석유를 사용하도록 내연기관을 설계했다. 차체는 훨씬 가벼워졌고 속도는 크게 높아졌다. 오른쪽 그림도12-5은 1905년 밀라노의 자동차 전시회를 위해 제작된 포스터다. 레오폴도 메틀리코비츠Leopoldo Metlicovitz, 1868~1944의 손끝에서 완성된 이 포스터 속에서 내연기관이 장착된 자동차가 마치 하늘을 가르듯 날렵하면서도 부드럽게 달린다. 올라타 앉은 인물의 머리 뒤로 구름에 비친 햇살이 후광처럼 밝다. 마치 내연기관이 인류의 쾌속 진보를 상징한다고 선언하는 듯하다.

도12-5 레오폴도 메틀리코비츠, 「자전거와 자동차 전시회」, 1905년

자동차의 진화 경로에 결정적인 방점을 찍은 이는 미국의 혁신적 기업가 헨리 포드Henry Ford, 1863~1947였다. 그는 1913년 어셈블리 라인을 이용한 자동차 양산체제를 갖춤으로써 자동차 대중생산과 대중소비의 길을 열었다. 어셈블리 라인은 자본에 비해 노동이 희소한 미국의 경제상황에 딱 들어맞는 기술 선택이었다. 표준화와 대량생산을 핵심으로 하는 이른바 '아메리카 제조 시스템'의 완성이었다. 오늘날 세계는 자동차 천국이 되었다. 세계적으로 해마다 9,000만 대의 자동차가 생산되어 지구 곳곳의 도로를 가득 메우고 있다. 화석연료의 고갈과 환경오염이라는 문제를 안고 있는 현대 경제는 이를 극복해야한다는 '필요'를 반영해 전기자동차, 하이브리드 자동차, 수소연료차 등의 형태로 진화를 거듭하고 있다.

헤론의 신전 자동문, 카이저의 도강渡江 구조물, 산업혁명 시대에 개발되어 끊임없는 변화를 거쳐 온 자동차는 모두 발명을 향한 인간의 노력의 소산이었다. 그러나 모든 발명이 상용화되어 발명가에게 부와 명예를 안겨주지는 않았음을 역사는 보여준다. 생산요소와 자원의 상대가격 상황에 딱 들어맞는 발명만이 사회적 필요에 부응했다. 분명 필요는 발명의 어머니였다. 그리고 이 필요는 상대가격이라는 경제적 척도를 통해 인류의 역사에서 모습을 드러내 왔다.

화이사상에 갇힌
건륭제,
세계의 변화를
놓치다

청 황실의 영국 사절단

중국의 역사에서 17~18세기 청 왕조의 강희제, 옹정제, 건륭제가 통치한 134년 기간을 강건성세康乾盛世라고 부른다. 강희제부터 건륭제에 이르는 기간이 제국의 영토가 확장되고 경제와 문화가 번영한 황금기였다는 긍정적 평가를 담은 용어다. 만주족 전성시대라는 의미에서 '팍스 만추리아Pax Manchuria'라고 부르기도 한다. 확실히 이 시기는 청의 지배력이 커지고 문화적 역량이 발휘된 때였다. 그러나 세계사적 시각에서 보면, 유럽이 중상주의 정책을 통해 지구 전역으로 무역망을 확대하고 제도 개혁과 기술진보를 통해 산업화로 나아갈 토대를 닦고 있던 때였다. 중국산 차와 도자기가 유럽에서 선풍을 일으켰지만, 이 상품들은 유럽의 동인도회사들에 의해 교역되고 유럽의 선박에 의해 수송되고 있었다. 다시 말해 중국은 여전히 강성한 제국이었지만 점차 유럽에게로 헤게모니가 넘어가고 있었다.

영국이 세계 최초로 산업혁명이라는 역사적 과정을 진행하던 시점인 1792년, 국왕 조지 3세는 대중국 무역을 확대할 목적으로 외교사절단을 건륭제에게 파견하기로 결정했다. 유일한 무역항이었던 광저우 이외에 톈진과 닝보 등에서도 교역을 허락하고, 베이징에 영국 외교관이 상주하게 하고, 영국 상인이 거주할 지역을 마련해 달라는 것이 요구의 구체적 내용이었다. 러시아와 인도에서 외교 경험을 풍부하게 쌓은 매카트니 경Lord Macartney을 대표로 100명의 사절단이 구성되었다. 사절단은 이미 한참 지난 황제의 80번째 생일을 축하한다는 명분을 내걸고 출발해 이듬해에 중국에 도착했다. 이들은 긴 여정 끝에 황제를 알현하는 데 성공하지만, 결국 기대했던 성과를 거두는 데엔 실패한다.

영국의 만평화가 제임스 길레이가 그린 앞의 그림도13-1은 이 역사적 장면을 재현하고 있다. 사절단이 가져온 다양한 선물들이 시선을 끈다. 그중에는 조지 3세의 마차를 재현한 황금색 미니어처도 있고, 영국이 자랑하는 군함의 모형도 있으며, 유럽에서 선풍적 인기를 끌던 열기구의 모형도 보인다. 친서를 내미는 매카트니의 당당하면서도 신중한 표정과 고개를 옆으로 살짝 돌린 건륭제의 심드렁한 표정이 대조를 이룬다. 황제는 선물들이 신기한 면은 있지만 중국에는 전혀 필요하지 않은 종류들이라고 평했다고 전한다. 화가는 이를 통해 영국이 세계 중심국으로 부상하고 있는 국제적 상황을 중국이 전혀 인식하지 못하고 있다고 꼬집고자 했으리라.

이 그림은 현실과 어떤 차이가 있었을까? 첫째, 영국 사절단이 가져간 선물은 그림에 나타난 것보다 훨씬 대규모였다. 기록에 따르면 선물 운반에 마차 40대와 3,000명의 인력이 필요했다고 한다. 선물 상자가 600개나 되었기 때문이다. 이 중에서 어떤 선물을 황제에게 보였는가는 확실하지 않다. 둘째, 이 그림의 화가는 접견이 베이징의 자금성에서 이루어진 것으로 알았다. 하지만 실제 장소는 베이징이 아니라 만리장성 너머 열하熱河에 위치한 여름철 집무시설인 피서산장이었다. 연암 박지원이 쓴 『열하일기』의 배경인 바로 그 열하다. 연암은 1780년 건륭제의 칠순잔치에 참석하기 위해 그곳을 방문했었다. 겨우 12년 후에 매카트니가 그곳을 찾았으니 그와 연암이 본 열하의 모습은 별반 다르지 않았을 것이다.

「건륭제를 알현하는 매카트니 경」도13-2은 당시 사절단을 직접 수행한 화가 윌리엄 알렉산더William Alexander, 1767~1816가 그린 역사적 만남의 순간을 보여준다. 앞의 그림보다는 실제로 벌어진 상황을 더 정확하게 선달한다고 볼 수 있을 것이다. 하지만 영국 사절단의 시선으로 그렸을 가능성은 충분하다. 옥좌에 앉은 건륭제에게 매카트니가 조지 3세의 친서를 바치고 있다. 그 뒤로 부사 조지 스타운턴George Staunton이 열

도13-2 윌리엄 알렉산더, 「건륭제를 알현하는 매카트니 경」, 1793년

도13-3 작자 미상, 「매카트니 사절의 중국 방문」, 1793년경

한 살 난 아들 조지 토머스 스타운턴George Thomas Staunton과 함께 서 있다. 이 아이는 언어 능력이 뛰어나 단시간에 배운 중국어로 황제에게 소개 인사를 해 깊은 인상을 남겼다.

이번에는 중국 측에서 매카트니 사절단을 묘사한 작품을 보자. 「매카트니 사절의 중국 방문」도13-3은 비단에 수를 놓은 작품인데, 영국 사절단이 선물들을 운반하는 모습이 묘사되어 있다. 그러나 이 그림도 실제와는 거리가 있다. 무엇보다 그림 속 영국인들이 19세기가 아닌 16세기 복장을 하고 있다. 또한 운반 중인 선물들은 영국에서 가져온 게 아니라 당시 베이징의 관상대觀象臺에 설치되어 있던 관측 장비다. 일찍이 예수회 선교사들이 중국으로 들여와 황제의 허락을 받아 설치한 기구들이다. 오른쪽의 커다란 구형 물체가 천체의天體儀이고 중앙에 있는 궤도가 조금 작은 물체는 황도의黃道儀다. 이런 비역사성으로 미루어볼 때 이 그림은 작가가 사절단을 직접 보고 그리지 않은 게 분명하다. 그저 영국 사절단이 많은 선물을 황제에게 헌상했다고 강조하는 작품이라고 보면 될 것이다.

중국을 방문한 외교사절은 매우 특별한 난제에 직면해야 했다. 삼궤구고두三跪九叩頭, 즉 황제 앞에서 세 번 무릎을 꿇고 아홉 번 머리를 땅에 닿게 조아리는 의례를 행해야 한다는 점이었다. 이 전통 의례를 따르라는 중국 측 주장을 매카트니는 완강하게 거부했다. 중국은 조공국의 방문이라고 여겼지만 영국은 양국의 일대일 접촉이라고 봤기에 발생한 갈등이었다. 다행히 건륭제가 의례를 면제해 줌으로써 난감한 교착상태

도13-4 주세페 카스틸리오네(낭세녕), 「예복을 입고 말을 탄 건륭제」, 1758년

에서 벗어날 수 있었다. 매카트니는 한쪽 무릎을 꿇고 깊게 허리를 숙이는 인사법으로 고두 의례를 대신했다.

청의 입장에서 볼 때 영국 사절단은 조공을 바치러 온 대표단의 하나에 불과했다. 청은 이미 포르투갈, 네덜란드, 로마 교황청에서 온 사절을 상대해 본 경험이 있었고, 그중 누구건 다른 이들과 차별 대우를 해줄 생각이 전혀 없었다. 뿌리 깊은 화이사상華夷思想이 건륭제 시대에도 여전히 강력한 힘을 발휘하고 있었다. 세상의 중심에 중국이 있고 서구 국가들은 문명 수준이 낮은 오랑캐일 뿐이었다. 영국 사절단에게도 중국의 이런 태도가 느껴졌던지 한 외교관은 이런 기록을 남겼다. "우리는 거지처럼 입성했고 죄수처럼 지냈으며 부랑아처럼 떠났다."

청의 황제들이 서구 문물에 대해 전적으로 무지했던 것은 아니다. 이미 예수회를 통해 과학기구와 기독교 사상에 대해 어느 정도의 지식을 갖고 있었다. 건륭제도 마찬가지였다. 그는 자신의 초상화도 예수회 소속 서양화가에게 맡기곤 했다. 밀라노 출신의 주세페 카스틸리오네 Giuseppe Castiglione, 1688~1766는 일찍이 1715년부터 청 황실의 궁정화가로 활동하면서 서양화풍과 중국화풍을 동시에 보여주는 그림으로 명성을 얻었고 낭세녕郎世寧이라는 중국식 이름도 얻었다. 「예복을 입고 말을 탄 건륭제」도13-4는 그가 그린 젊은 시절의 건륭제를 보여준다. 황제의 얼굴과 말의 몸뚱이는 음영법陰影法을 포함한 서구식 화법을 보여주는데, 땅바닥에 그림자를 그려 넣지 않은 점은 중국식 화법의 전통에 맞닿아 있다. 어찌 보면 서양화 양식과 중국화 양식이 온전히 융합된 것 같은 느낌

도13-5 작자 미상, 「광저우의 외국인 상관들」, 1790년경

을 주기도 한다. 그림 속의 건륭제는 황금색의 화려한 복장에 멋진 활과
화살을 든 늠름한 정복자의 모습이다. 마치 중국이 세계의 중심 국가이
며 황제가 세계의 통치자라고 선언하는 듯하다.

　서구 국가들을 화이사상의 시각에서 바라보는 중국의 태도는 무역
정책에도 반영되고 있었다. 청 왕조는 초기인 1680년대에 반청운동 세
력을 진압한 이후 해금海禁 정책을 풀고 여러 항구에 해관을 설치해 무역

을 인정했다. 대표적 항구였던 광저우의 상인들은 1720년 서양 상인들과의 교역에서 지나친 경쟁을 피할 의도로 공행公行이라는 상인조합을 결성했다. 한편 1757년 건륭제는 서양과의 교역 창구를 광저우 하나로 제한하는 조치를 취했다. 그 결과 이른바 '광둥체제'라고 불리는 통제적 무역 시스템이 만들어졌다. 외국 무역선은 반드시 광저우로만 들어와야 하고 청 정부가 지정한 보상保商이 지시하는 대로 입출항 절차를 밟아야 했다. 광저우의 상관에 거류할 수 있는 기간도 제한되었다. 예를 들어 영국 동인도회사의 화물 관리인은 10월에서 3월에만 상관에 머무를 수 있었고 나머지 기간에는 멀리 마카오에 나가 지내야 했다. 왼쪽 그림도13-5은 매카트니가 중국을 방문할 무렵 광저우 상관들의 모습을 묘사하고 있다. 긴 부두를 따라 서양 각국의 상관들이 줄지어 자리 잡고 있다. 이렇게 제한된 공간에서 중국 정부의 통제를 받으며 교역을 해야 했던 서양인들은 무역의 확대와 자유로운 활동을 간절히 원했다. 영국이 매카트니를 파견한 목적도 바로 여기에 있었다.

건륭제는 영국의 요청을 단호하게 거부했다. 외교사절의 베이징 주재도, 무역항의 확대도 받아들이지 않았다. 나아가 황제는 조지 3세에게 보내는 친서에서 지구 반대편까지 미치는 자신의 은덕에 감사를 느끼고 충의를 다하라고 '조언'했다. 어떤 역사가는 사절단이 고두를 거부한 탓에 황제가 사절단의 요구를 내쳤을 것이라고 추측한다. 그러나 이는 사실과 거리가 멀다. 근본적인 이유는 번영의 끝자락에 아슬아슬하게 선 청나라가 기존의 관념과 질서를 변화시킬 의향이 없었다는 데 있었다.

빈손으로 귀국길에 오른 매카트니는 청나라를 낡은 전함에 비유했다. 지난 150년 동안 이 배가 침몰하지 않고 유지될 수 있었던 것은 '유능하고 경각심 있는 관리들'이 있었기 때문이었다. 그렇지만 이런 인물들이 부족해지면 전함은 "바로 가라앉지는 않겠지만 한동안 난파되어 떠돌다가 마침내 산산조각이 날" 운명이라고 그는 말했다.

반세기 후인 1840년 중국에 영국인들이 다시 찾아온다. 그러나 이번에는 외교사절이 아닌 중무장한 군대의 모습이었다. 건륭제에게 중국어로 인사를 올렸던 어린아이 조지 토머스 스타운턴이 중년의 정치가로서 영국 의회에서 전쟁의 필요성을 역설했다는 사실에 마음이 심란해진다. 그의 마음은 언제부터 전쟁 쪽으로 기울게 되었을까? 영국이 산업대국이자 군사강국으로 등장하는 글로벌한 변화를 화이사상에 갇혀 감지하지 못한 중국은 혹독한 대가를 치러야 했다. 중국이라는 배는 결국 아편전쟁을 통해 난파당하고 강압에 의해 항구들을 열어 어쩔 수 없이 자유무역을 받아들이는 신세로 전락하고 만다.

영국,
동물자원 활용으로
혁신을 이끌다

선택교배와 종두법

도14-1
●
헨리 앨켄, 「불베이팅」, 1820년

한 마리의 덩치 큰 수소가 밧줄로 연결된 띠를 목에 건 채 들판에 서 있다. 그 앞으로 두 마리의 개가 하늘로 튕겨져 올라간다. 두 명의 인부가 손을 허공에 뻗고 있다. 개를 붙들고 있다가 놓친 모양이다. 허공에서 떨어지는 개들을 잡으려는 것 같기도 하다. 소 뒤쪽으로는 정장 차림의 사람들이 모여서 이 광경을 주의 깊게 지켜보고 있다. **이 그림은 어떤 광경을 묘사한 것일까?**

헨리 토머스 앨켄Henry Thomas Alken, 1785~1851이라는 화가가 영국에서 18~19세기 초에 큰 인기를 끌었던 오락 '불베이팅bull baiting'을 표현한 그림이다. 기운 센 수소를 말뚝에 묶어놓고서 그 주둥이를 개가 물도록 하여 소를 탈진시켜 쓰러뜨리는 경기다. 소는 개를 뿔로 치받거나 격렬하게 흔들고 내동댕이치는데, 그러면 다음 개를 데려와 소를 물게 해서 경기가 계속된다. 사람들은 몇 번째 개가 소를 쓰러뜨리느냐를 놓고

내기를 건다. 이 잔인한 오락은 18세기 말에 영국에서 선풍적인 인기를 끌었다. 19세기 초에 경기의 잔인성에 대한 비판이 높아졌고, 그 결과 1835년에 '유혈 스포츠'를 금지하는 법률이 제정됨으로써 공식적으로 불법화되었다. 그러나 이 잔혹한 오락은 이미 영국을 벗어나 해외로 전파되면서 이후에도 세계 곳곳에서 이루어지곤 했다.

18세기 영국은 산업혁명이라는 엄청난 역사적 변화를 앞두고 있었다. 이미 사회 분위기는 새로운 시대에 맞게 바뀌고 있었다. 사람들은 해외에서 수입된 차, 커피, 설탕의 맛과 면직물, 견직물의 멋에 매료되고 있었다. 그들은 자신의 소비욕구를 충족시키기 위해서라면 노동시간을 늘리는 것도 감수했다. 또한 시장에서 인기를 끌 만한 상품을 발명하거나 개량할 능력이 있는 이들은 앞 다투어 개발과 생산에 뛰어들었다. 농업 부문도 예외가 아니었다. 특히 가축의 품종개량이 가져다주는 효과에 사람들은 열광했다.

다윈의 진화론이 등장하기 훨씬 전이었지만, 혁신적 마인드를 가진 농부들은 유전적 형질이 다른 개체군을 선택교배selective breeding하는 실험에 적극 나섰다. 품종개량에 탁월한 솜씨를 지닌 농부들은 오늘날의 첨단산업 전시회에 해당하는 농업경진대회에 가축을 출품했고, 여기에서 수상한 품종은 오늘날의 최고 사양 제품을 능가하는 인기를 누렸다. 선택교배의 성과가 얼마나 대단했는지는 소의 몸집이 얼마나 커졌나를 보면 알 수 있다. 도축용으로 판매된 황소의 평균 무게가 1700년에는 약 170킬로그램이었는데, 1786년이 되면 약 380킬로그램으로 증

도14-2 **토머스 위버, 「뉴버스 황소」, W.워드의 인그레이브, 1812년**

가했다. 한 마리의 소로부터 두 배 이상의 고기를 얻게 된 것이다. 토머스 위버Thomas Weaver, 1774~1843의 그림도14-2은 뉴버스 황소Newbus Ox라는 품종의 황소를 보여준다. 왼편의 농부는 낭대의 혁신적 앙트레프레니 entrepreneur로서 명예와 부를 동시에 누렸다.

　이와 유사한 느낌을 주는 그림을 한 점 더 보자. 윌리엄 헨리 데이

도14-3 **윌리엄 헨리 데이비스, 「상 받은 양」, 1838년**

비스William Henry Davis, 1786~1865가 그린 작품도14-3이다. 토머스 위버의 그림과 마찬가지로 단순하고 소박한 구도를 보여준다. 얼핏 보면 농부 앞에 소가 서 있는 모습이다. 하지만 자세히 보면 이 그림 속 가축은 소가 아니다. 털과 고기의 양을 최대로 생산하는 품종으로 개량된, 농업경진대회에서 상을 받은 인기 만점의 명품 양이다. 당시 소와 양뿐만 아니라 돼지, 말, 닭도 품종개량의 효과가 뚜렷했다. 국내뿐만 아니라 해외

III. 산업혁명의 시대

각지에서 유전적 형질이 뛰어난 품종들에 대해 정보를 수집하고 시행착오를 거치면서 교잡육종cross breeding을 시행한 결과였다.

다시 불베이팅으로 돌아가 보자. 불베이팅에 가장 적합한 개는 어떤 형질을 지녔을까? 소의 주둥이를 잘 물려면 개의 주둥이가 뭉툭하게 생겨야 한다. 개를 내동댕이치고 땅에 짓이기는 소의 공격을 잘 버티려면 개의 다리가 짧아야 유리하다. 또한 한 번 물면 놓지 않는 완강한 근성을 가지고 있어야 한다. 이런 사양에 맞춰 개량된 이상적인 개가 바로 불독bulldog이었다. 불독이야말로 혁신과 개량의 시대에 오락 분야에서 영국인들이 이룬 특별한 종류의 성취였다.

생물에 대한 과학적 지식이 축적되고 기술이 향상되자, 동물자원의 활용 범위가 품종개량을 넘어서 한층 높은 수준으로 확대됐다. 가장 뛰어난 혁신은 의학 분야에서 나왔다. 외과의사 에드워드 제너Edward Jenner, 1749~1823는 역사적으로 수많은 인명을 앗아간 치명적 질병인 천연두를 정복하고자 오랜 시간 노력을 기울였다. 천연두 퇴치법이 전적으로 새로운 것은 아니었다. 오스만제국에서 사용되던 접종 방법이 이미 1721년에 영국에 처음 소개되었고, 다시 1770년대에 우두牛痘, 즉 소의 두창痘瘡을 사람 피부에 접종하는 시도가 있었다. 그러나 1796년 제너가 우두를 접종하면 면역을 얻을 수 있다는 점을 입증하고, 소가 아니라 사람에게서 얻은 두창도 접종하면 면역을 얻을 수 있다는 사실을 밝힌 것을 계기로 종두법이 널리 인정받게 되었다. 오늘날 우리가 사용하는 '백신vaccine'이란 말은 라틴어로 소를 의미하는데, 제너가 소의 두창을 이

도14-4 제임스 길레이, 「우두」, 1802년

용했기 때문에 그렇게 명명되었다. 훗날 프랑스의 미생물학자 루이 파스퇴르Louis Pasteur, 1822~95에 의해 인위적으로 면역을 주기 위해 약화시킨 병원체를 접종하는 것을 통칭하는 용어로 정착했다. 제너의 예방접종법은 이후 유럽은 물론 아메리카와 아시아 등 전 세계로 전파되어 수많은 인명을 죽음의 그림자에서 구하게 되었다.

그렇지만 모든 사람들이 종두법을 순조롭게 받아들이지는 않았다. 새로운 발명과 혁신이 반대에 직면하지 않은 채 전파되는 사례는 역사적으로 드물지 않은가. 제너의 백신도 당시에 만만치 않은 반대에 부딪혔다. 왼쪽 그림도14-4은 1802년 반反백신협회Anti-Vaccine Society라는 단체에서 저명한 풍자화가 제임스 길레이James Gillray, 1756~1815가 발표한 「우두Cow Pock」다. 제너가 중앙에 앉아 있는 여인의 팔에 주사기로 우두를 접종하고 있다. 제너의 왼편으로는 접종을 기다리는 사람들이 그려 있고, 오른편에는 이미 접종을 마친 사람들이 묘사되어 있다. 그런데 접종을 끝낸 사람들의 입, 코, 귀, 팔, 엉덩이에서 작은 소의 형상이 튀어나오고 있다. 우두를 맞으면 예상치 못한 심각한 부작용이 발생할 수 있다는 경고였다. 다행히도 백신을 맞은 사람들에게서 실제로 이런 부작용은 발생하지 않았다. 그러나 대중의 우려가 해소되기까지는 적지 않은 시간이 흘러야 했다.

신기술에 대한 저항과 우려는 종두법의 사례에 국한되지 않았다. 산업혁명이 본격화되면서 이런 움직임은 더욱 빈번하게 나타났다. 새롭게 제작된 증기기관과 직물기계, 새로 건설된 철도와 공장, 새로 사용된 석탄과 금속·비금속 자원이 사람들을 그간 익숙했던 생활환경과 노동환경으로부터 단절시켰다. 사람들은 변화의 종착점이 어디일지 두려움을 느끼지 않을 수 없었다. 기술진보에 익숙한 오늘날에도 미래의 기술 변화에 대해 불안감을 느끼는 사람들이 많은데, 하물며 산업혁명을 처음 경험하던 당시 사람들에게는 불안감이 말할 수 없이 컸을 것이다.

이런 시대적 분위기를 문학적으로 보여준 작품이 메리 셸리Mary Shelly가 1818년에 출간한 소설 『프랑켄슈타인』이었다. '근대의 프로메테우스'라는 부제가 붙은 이 소설의 줄거리는 익히 알려져 있다. 스위스의 과학자 프랑켄슈다인이 과학적 연구에 몰두한 끝에 인간의 죽은 몸뚱이에 생명을 불어넣는 기술을 개발한다. 그는 키가 2.4미터나 되는 인물을 창조하는 데 성공하고 '아담 Adam'이라고 이름을 붙여준다. 그러나 이 인물은 흉측한 외모에 무시무시한 힘을 지닌 존재로, 창조자 프랑켄슈타인에 대한 증오와 불신으로 그의 동생과 신부 등 주변 사람들을 잔인하게 해친다. 사람들을 공포에 떨게 하는 통제 불능의 괴물이 되어버린 것이다. 프랑켄슈타인은 복수심에 가득차서 괴물을 뒤쫓아 북극까지 가지만 결국 괴물을 없애지 못한 채 자신이 비참한 죽음을 맞는다. 인간에게 불의 사용이라는 기술진보를 가져다준 프로메테우스가 코카서스의 바위에 쇠사슬로 묶인 채 독수리에게 영원히 간을 쪼이는 고통을 겪게 되었던 것처럼, 인간도 생명의 창조라는 기술진보를 이룬 결과로 무지막지한 괴물의 탄생이라는 예상치 못한 재앙을 겪게 되는 것일까?

오른쪽 그림도14-5은 소설 『프랑켄슈타인』의 1831년 판에 실린 삽화다. 아마 작가 셸리가 상상했던 괴물의 모습은 이에 가까웠을 것이다. 거칠게 흉터를 꿰맨 피부, 목 양쪽으로 뚫고나온 금속 너트, 무표정한 냉혈한의 얼굴 등 오늘날 우리에게 익숙한 괴물의 모습은 그로부터 100년이 지난 후 할리우드에서 소설이 영화화되어 인기를 끌면서 확립된 이미지다. 1831년 삽화 속 인물은 이런 이미지와 상당한 차이를 보인다. 근육질의 탄탄한 몸매와 긴 머리카락이 오히려 인상적일 정도다. 아마도 셸리와 삽화작가는 현대 영화처럼 공포감을 극대화하는 모습으로 표현하

도14-5 메리 셸리의 『프랑켄슈타인』에 실린 삽화, 1831년

기보다 원초적이고 거칠지만 인간적 면모를 지닌 모습을 투영하기를 바랐는지 모른다.

산업혁명을 거치면서 전례 없는 속도의 기술진보를 목격한 사람들에게 인류의 미래는 장밋빛으로 보였을까? 가축의 고기와 털을 두 배로 늘리고, 불독 품종을 개량하고, 종두법을 대중화한 이들은 미래를 밝게 보았을 것이다. 그러나 소설가 셸리의 눈에는 미래가 낙관적으로 보이지 않았다. 과연 산업혁명에 불을 댕긴 근대의 프로메테우스는 자신이 시작한 기술진보를 끝까지 책임질 수 있을 것인가? 우리가 궁극적으로 감당할 수 없는 괴물을 만들어내는 것은 아닐까? 이 질문은 영국을 뒤이어 19세기와 20세기에 공업화에 들어선 서구와 아시아의 모든 후발 공업국에서 재등장했다. 그리고 21세기를 사는 우리들조차도 아직 답을 갖고 있지 못하다. 과연 사물인터넷, 인공지능, 자율 주행차, 생명공학, 융복합 기술이 발달하는 '4차 산업혁명'이 완료되는 시점이 오면 인간은 애초에 자신이 기대했던 종류의 삶을 누리게 될 것인가?

15

대지진의
참화 속에서
재건을 꿈꾸다

일본의 대지진과 개항

도15-1
●
작자 미상,
「도구를 들고 있는 벤케이」,
1855년경

일본 목판화에 중세의 전형적인 무사가 묘사되어 있다. 교량의 입구를 지키며 서 있는 모습인데, 무사의 얼굴을 자세히 보면 사람 형상이 아님을 알 수 있다. 두 가닥 긴 수염을 단 검은색 메기의 모습이다. 또한 그가 손에 들거나 등에 메고 있는 사물들은 무기가 아니다. 망치, 도끼, 톱, 흙손과 같은 건축 도구들이다. **이 그림은 무엇을 묘사하는 것일까? 그리고 어떤 시대적 상황을 배경으로 제작되었을까?**

이 그림은 「도구를 들고 있는 벤케이弁慶」도15-1라는 작품이다. 벤케이는 12세기 헤이안 시대에 활약했던 거구의 승려 무장이다. 그는 교량과 관계가 깊은 인물로 전한다. 교토의 한 다리를 차지하고서 지나가는 무사 999명을 차례로 꺾었는데, 1,000번째 무사 미나모토노 요시쓰네源義経에게 패한 후 그를 주군으로 섬겼다고 한다. 벤케이는 훗날 요시쓰네가 적에게 쫓기자 피난처 입구의 다리를 봉쇄하고서 300여 명의 적병을 죽이며 방어했다. 마침내 벤케이는 여러 대의 화살을 맞아 고슴도치

처럼 되고 수많은 상처를 입고서도 다리 앞에 꼿꼿이 선 채로 죽음을 맞았다. 이런 용맹함과 충성심으로 그는 일본인들의 마음속에 전설적 무사로 각인되었다. 이 그림에서도 그는 다리 앞에서 굳건히 서 있는 모습으로 묘사돼 있다.

그렇다면 메기는 무엇을 상징하는 것일까? 일본 민간에 전해져 내려오는 신앙과 풍속 중에는 지진과 해일에 대한 두려움을 배경으로 한 게 많다. 대표적인 것이 바로 땅 속 깊이 산다는 나마즈鯰라는 초대형 메기 이야기다. 나마즈가 요동을 치면 지상세계에서는 지진이 발생한다. 평소에 지진이 나지 않는 이유는 가시마鹿島 대명신大明神이 나마주를 잘 통제하기 때문이다. 이 신은 가나메이시要石라는 돌로 메기의 머리를 눌러 제압한다. 그런데 어떤 이유로 가시마 대명신이 나마즈를 제대로 제압하지 못하게 되면 지상의 인간세계는 대지진의 참화를 맞게 된다는 이야기다.

두 번째 그림도15-2이 이 이야기를 보여준다. 가나메이시에 기댄 채 졸고 있는 인물은 에비스惠比壽라는 신이다. 그는 어업을 관장하는 신인데 귀가 잘 들리지 않았다. 가시마 대명신은 외출을 하면서 에비스에게 메기를 잘 통제해 달라고 부탁했는데, 에비스는 약속과 달리 그만 잠이 들어버렸다. 그 사이에 자유로워진 메기는 대지진을 일으켜 가옥을 무너뜨리고 화재를 일으킨다. 사람들은 우왕좌왕 어쩔 줄 몰라 한다. 벌거숭이 차림으로 엉덩이를 내밀고 있는 이는 천둥의 신이다. 그는 방귀를 뀌어 엄청난 소음의 천둥장구를 뿜어내지만 에비스를 깨우지는 못한다. 뒤

도15-2 작자 미상, 「메기와 가나메이시」, 1855년경

늦게 지진 소식을 전해들은 가시마 대명신이 말을 타고 서둘러 돌아오고 있다. 하지만 이미 대재앙이 터진 후인 걸 어쩌랴. 한 가지 흥미로운 점은 지진의 현장으로부터 금화들이 떨어지고 있다는 것이다. 지진은 파괴와 피해를 낳기 마련인데, 왜 금화를 그려 넣었을까?

「도구를 들고 있는 벤케이」와 「메기와 가나메이시」는 둘 다 1855년 에도江戸(지금의 도쿄)에서 강진이 발생한 직후에 제작되었다. 규모 6.9로 추정되는 이 '안세이安政 에도 지진'으로 6,000명이 넘는 도쿄 주민이 사망했다. 수많은 가옥이 무너졌고 대규모 화재가 뒤따랐다. 일본은 불과 한 해 전에 규모 8.4의 대지진을 두 차례나 경험한 바 있었다. 여진도 여러 달 계속되었다. 거듭된 재앙 속에서 대중은 메기 설화에 주목했다. 그리고 메기가 등장하는 목판화들이 대량 제작되어 퍼졌다. 이 그림들을 나마즈에鯰絵라고 부르는데, 지진 발생 후 두 달 동안 300여 종이나 만들어졌다. 그림을 누가 그렸는지, 누가 사고팔았는지를 알 길은 없다. 정부의 허가 없이 제작·유포된 일종의 불법 출판물이었기 때문이다. 사람들은 이 그림들을 통해 대재앙을 겪으며 느낀 불안을 표현하고 위안을 갈구했다. 그림을 부적으로 사용한 이들도 많았다.

그림의 내용은 다양했다. 가장 직접적인 메시지를 담은 그림은 고통 받은 시민들이 지진의 원흉으로 여겨진 나마즈를 징벌하는 내용이었다. 분노한 사람들이 막대기와 칼을 들고 메기를 공격하는 그림으로, 「신 요시와라의 대형 나마즈의 유래」도15-3가 대표적이다. 요시와라吉原는 도쿄의 대표적인 유곽인데, 1650년대 대화재가 발생한 이후 다시 건설되

도15-3 작자 미상, 「신요시와라의 대형 나마즈의 유래」, 1855년

어 신新요시와라라고 불렸다. 이곳을 생활 터전으로 하는 술집 주인과 게 이샤와 일꾼 들이 달려들어 메기를 공격한다. 그들의 손에는 악기, 술병, 담뱃대, 식칼 등 생활도구들이 들려 있다. 인명과 재산 피해를 가져오는 지진 자체도 밉지만 지진으로 인해 손님이 뚝 떨어진 상황도 못마땅했을 것이다.

　나마즈에 중에는 지진과 같은 천재지변이 부정과 악행을 일삼은 인간들을 꾸짖기 위해 신이 의도한 사태라고 보는 시각도 있었다. 이 경우 특히 물욕의 상징으로서 부자가 벌을 받는 모습이 자주 등장한다. 때로는 메기가 벌을 내리는 주체로 그려지기도 했다. 어떤 그림은 사람들이 힘을 모아 무너진 가옥과 마을을 복구하는 작업을 소재로 삼았다. 지진 이전의 평온했던 상태로 돌아가기를 바라는 마음을 반영한 그림이리라.

　그런데 이런 그림들과 달리 지진의 영향을 좀 더 적극적으로 표현한 그림도 있었다. 지진이 멈추고 나면 무너진 주택과 마을을 다시 세우기 위해 새로운 투자가 이루어진다. 지진을 반복적으로 경험한 일본인들은 당연히 이런 규칙성을 인지했다. 「메기와 가나메이시」도15-2에서 금화가 지진 현장으로부터 흘러나오는 모습은 이런 인식을 반영했을 것이다. 여기서 한 걸음 더 나아가 지진으로 인한 변화를 소득과 부의 재분배라는 관점에서 바라본 사례도 있었다. 지진이 발생하면 상류층, 즉 상인, 사무라이, 대금업자 같은 이들은 큰 손해를 보았지만, 일부 직업군은 새로운 기회를 맞기도 했다. 특히 가옥을 수리하고 공공시설을 정비하기 위해서는 건축이나 가구 제작에 종사하는 장인과 직인에 대한 수요가 늘

　●

도15-4 작자 미상, 「에도의 흔들림」, 1855년경

기 마련이다. 어떤 그림은 장인과 직인들이 메기에게 감사를 표하는 모습을 묘사했고, 명시적으로 지진의 피해자 집단과 수혜자 집단을 직업적으로 구별해 놓은 그림도 있었다. 천재지변에 뒤따르는 재분배 현상을 묘사한 그림을 보면서 대중은 인생의 희로애락을 생각하고 새옹지마塞翁之馬의 아이러니를 떠올렸던 것이다.

첫 번째 그림도15-1으로 돌아가 보자. 이제 그림의 맥락이 명확하다. 메기 얼굴은 지진을 상징하는 것이고, 그가 들고 있는 도구들은 대지진에 뒤따를 재건 활동에 필요한 장비들이다. 믿음직스러운 장수 벤케이의 늠름하고 단호한 모습을 통해서 사람들은 마음속의 희망을 표현한 게 아닐까. 지진의 영향은 일시적일 뿐, 곧 삶의 터전을 새로 건설하는 작업이 굳건하게 이루어질 것이라고. 그리고 재건사업을 통해 많은 장인과 직인들이 더 나은 생활수준을 기대할 수 있게 될 것이라고.

거대한 나마즈가 해안으로 들어오는 모습을 보여주는 「에도의 흔들림」도15-4은 더욱 흥미롭다. 그런데 이 그림에서 나마즈는 일본의 근대사를 뒤흔들었던 흑선black ship을 연상시킨다. 에도에 대지진이 강타하기 불과 2년 전 미국의 페리 함대가 도쿄 만으로 상륙해 통상을 요구했고, 이듬해 일본 정부는 미국의 압력에 굴복해 자유무역적 개항을 약속하는 통상조약을 맺었다. 이후 일본 사회는 격변을 맞았다. 수교를 주도한 막부와 이를 비판한 반대파 간에 치열한 대립이 발생했고 갈등은 결국 메이지유신이라는 중대한 정치적 변혁으로 이어졌다. 서구 문화의 빠른 유입, 그리고 산업화와 도시화라는 거대한 사회적 소용돌이 속에서 사람들

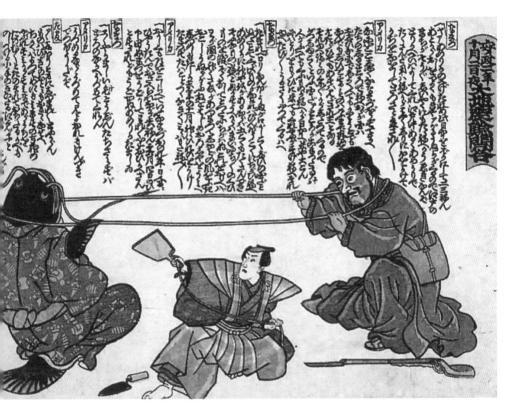

도15-5 작자 미상, 「대지진 나마즈와의 겨루기」, 1855년경

은 혼란스러웠다. 이런 사회적 혼란은 대지진이 초래한 혼란과 별반 다르지 않다고 동시대인들은 느꼈을 것이다. 「에도의 흔들림」에서 해변에 나온 사람들은 나마즈의 등에서 뿜어져 나오는 금화를 바라보면서 반가움을 표현하고 있다. 어서 가까이 들어와 더 많은 혜택을 달라고 부르는 듯하다. 대지진이라는 재난 속에서 희망을 놓지 않은 것처럼 개항이라는 사회적 격변 속에서도 희망을 찾고자 하는 대중의 간절함이 읽혀진다.

당시 사람들은 대지진과 개항 중 어느 것을 더 큰 충격으로 받아들였을까? 「대지진 나마즈와의 겨루기」도15-5는 흥미롭게 나마즈와 페리 제독의 힘겨루기 장면을 묘사하고 있다. 목에 줄을 걸고 힘차게 잡아당기는 모습이다. 나마즈 옆에는 흙손이, 페리 제독 옆에는 철포가 놓여 있다. 누가 승자가 될지는 모르겠지만, 사람들이 둘 다 만만치 않은 위력을 가진 존재로 여겼음은 분명해 보인다.

나마즈를 등장시킨 목판화들은 대지진 이전의 평화로운 시절을 복고적으로 그리곤 했다. 그러나 때로는 이에 머물지 않고 좀 더 적극적으로 변혁의 희망을 표출했다. 지축을 뒤흔드는 천재지변과 휘몰아치는 개방화·도시화의 격랑이 오히려 부와 소득이 재분배되는 평등한 사회를 건설할 새로운 기회가 되지 않을까 하는 마음이었을 것이다. 체제에 위협이 된다고 느꼈는지 막부는 서둘러 판목을 압수하고 그림의 판매를 금지시켰다. 나마즈에가 겨우 두 달 동안만 유통되다가 사라지게 된 이유였다. 그러나 이 짧은 기간에 대중에 폭발적으로 퍼졌던 메기 그림은 오늘날에도 사람들에게 강렬한 인상을 전한다. 2011년 3월 규모 9.0의 초

대형 강진을 경험한 일본은 말할 나위도 없거니와, 규모가 작지만 최근 지진 발생 빈도가 높아진 우리나라에서도 그와 관련된 그림과 이야기는 예사롭지 않게 느껴진다.

IV.

제국주의
시대

—

속도를
올리는
세계화

대운하,
세계 물류에
혁명을 일으키다

수에즈운하의 개통

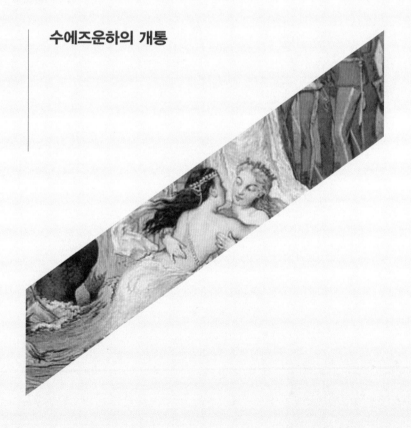

구릿빛 피부의 청년들이 나눠 탄 작은 목선들이 가까이 몰려 있다. 멀리 열대의 섬이 보이고 여러 척의 대형 선박들이 배경에 자리하고 있다. 일부 청년은 너나할 것 없이 물속으로 뛰어들고 있다. 다른 일부는 누군가를 보면서 손짓을 하고 있다. **이들은 누구를 바라보고 있으며 왜 다이빙을 하고 있는 것일까? 이 그림은 어느 시기 어느 장소를 묘사한 것일까?**

이 그림도16-1은 1872년 영국 신문 『런던 일러스트레이티드 뉴스 London Illustrated News』에 실린 것이다. 짧은 머리에 짙은 피부색이 인상적인 이 청년들은 말레이계 젊은이들이다. 이들이 위치한 곳은 오늘날의 싱가포르, 휴양지로 널리 알려진 센토사 섬으로 넘어가는 길목이다. 이들이 손짓하는 대상은 항구에 새로 들어온 선박의 탑승사들이나. 놀랍게도 청년들의 입에서는 동전을 던져달라는 말이 나온다. "부자 나리들, 가난한 우리들에게 한 푼만 던져 줍쇼." 누군가가 바다로 동전을 던

지면 청년들은 앞다투어 물에 뛰어들어 동전이 바닥에 닿기 전에 건져내는 잠수 솜씨를 보여준다. 그림이 전하는 생기발랄하고 시원스럽기까지 한 인상과는 달리 그림의 주인공들은 푼돈을 얻기 위해 구걸에 가까운 행위를 하고 있는 것이다. 아이들이 미군에게 "기브 미 쪼꼬렛"을 외치던 1950년대 우리나라의 풍경이 연상된다.

오늘날 세계적인 물류 허브이자 아시아의 금융 중심지로 이름이 높은 고소득 국가 싱가포르가 지금으로부터 불과 140여 년 전에 이렇게 보잘것없는 모습이었다는 점이 놀랍다. 사실 싱가포르의 발전은 역사가 매우 짧다. 1819년 영국인 관리 토머스 스탬퍼드 래플스Thomas Stamford Raffles가 동인도회사의 승인을 얻어 조호르왕국과 조약을 맺고 인구 1,000명에 불과했던 자그마한 어촌 싱가포르를 무역항으로 개발하기로 한 게 본격적 발전의 시작이었다. 영국이 그간 아시아시장에서 독점적 지배력을 행사하던 네덜란드를 밀어내고 무역업과 해운업에서 주도권을 잡기 위해서는 중간 기착지 개발이 필요하다는 판단에서였다. 래플스는 목재와 담수의 공급이 수월한 말레이반도 남단의 싱가포르를 개발의 최적지로 선택했다. 곧이어 싱가포르는 훨씬 큰 항구도시인 말라카와 페낭과 경제적으로 연결되었고, 동인도회사의 통제권 아래에서 점차 무역항으로 성장해갔다.

「싱가포르의 정박지」도16-2는 프랑스의 석판화가 아돌프 바요 Adolphe Bayot, 1810~66가 1846년에 묘사한 싱가포르 부두의 모습이다. 총독의 관저를 건설할 부지인데, 이때까지도 이 항구가 얼마나 개발이 덜

IV. 제국주의 시대

도16-2 아돌프 바요, 「싱가포르의 정박지」, 『픽토리얼 아틀라스(Pictorial Atlas)』, 1846년

된 마을이었나를 여실히 보여준다. 싱가포르가 국제적 항구도시로 성장한 데에는 말레이반도에서 고무와 주석 생산이 늘고 중국 시장이 열린점이 도움이 되었다. 하지만 무엇보다도 바타비아(오늘날의 자카르타)나마닐라 같은 인근 항구들과 달리 관세를 부과하지 않는 자유무역항이었다는 사실이 중요하게 작용했다. 항구가 성장함에 따라 주변에서 인구가대규모로 유입되었다. 중국인들이 가장 많았다. 두 차례의 아편전쟁으로정국은 어지러웠고 일자리가 부족해 빈곤에 빠진 노동자가 넘쳐나던 상

황이었다. 그들은 열악한 노동조건과 저임금을 마다하지 않는 일용직 노동자로 고용되었다. 이들은 '고력苦力', 즉 고된 노동을 하는 인력이라는 의미로 '쿨리coolie'라고 불렸다. 쿨리는 아시아뿐만 아니라 멀리 남아프리카, 아메리카, 오스트레일리아까지 이동해 지역경제에 노동력을 제공했다. 지리적으로 훨씬 가까운 싱가포르에 이들이 특히 많이 몰린 것은 당연했다. 중국인에 이어 말레이인과 인도인도 많은 수가 유입되었다.

그러나 국제 무역항으로서 싱가포르는 중대한 지리적 약점을 지니고 있었다. 유럽의 장거리 무역선들은 대서양을 남하해 아프리카 남단을 돌아 인도양을 거쳐 남중국해로 항해했다. 남중국해로 들어가기 위해서는 싱가포르 남쪽에 위치한 순다해협이나 북쪽에 위치한 말라카해협을 통과해야 했다. 두 항로 중 말라카해협을 통과하는 항로만 싱가포르를 거치게 되어 있다. 그런데 항해술이 발달하고 선박의 성능이 개선됨에 따라 아프리카를 멀리 돌아서 순다해협을 통과하는 선박의 비중이 높아졌다. 이 추세가 계속되면 싱가포르는 쇠퇴할 수밖에 없었다. 19세기 중반 싱가포르가 정체를 맞은 것은 이 때문이었다.

싱가포르의 고민을 해결해 줄 열쇠는 예상치 못한 곳에 있었다. 1869년 11월 17일, 10년에 걸친 험난한 대공사 끝에 길이 193킬로미터의 수에즈운하가 드디어 공식 개통됐다. 정치적 분쟁, 노동력 부족, 콜레라 발병 등을 극복하고 이룬 성과였다. 오른쪽 그림도16-3은 운하 개통식의 모습을 묘사한 알레고리 그림이다. 이집트의 태수 이스마일 파샤Ismail Pasha와 프랑스 나폴레옹 3세의 왕후 외제니 드 몽티조Eugénie de

도16-3 **작자 미상, 「수에즈운하 개통식의 알레고리」, 1869년**

Montijo가 요트 위에서 만나고 있다. 하늘과 바다에서는 천사와 요정들이
이들의 만남을 축복하는 모습이 연출되고 있다. 지중해와 홍해의 만남,
유럽과 아시아의 만남을 강조하는 작품이다.

이 세계적인 대역사를 성공적으로 이끈 인물은 페르디낭 드 레셉스
Ferdianand de Lesseps, 1805~94였다. 그는 이집트에서 외교관으로 근무하던
중에 수에즈운하 건설을 착상하고서 1854년 사이드 파샤를 만나 개발

도16-4 A. 르모, 「레셉스의 캐리커처」, 「르몽드 푸르 리르」, 1868년

승인을 얻고 이어서 기술적 타당성도 검증받음으로써 웅대한 공사에 첫발을 내딛게 됐다. 그는 회의적인 공학자들의 반대와 영국 정부의 방해를 극복하고 결국 지중해에서 인도양으로 이어지는 항로를 구축하는 데 성공했다. 수에즈운하를 완공하고 20년이 지난 후에는 또 다른 대역사인 파나마운하의 건설에 착수했지만 결국 재정적 문제와 정치적 갈등에 부딪혀 중도에 포기하게 된다. 그렇지만 그는 세계를 지리적으로 단축시키는 데 결정적인 기여를 한 인물로 역사에 기록되기에 충분하다. 왼쪽 그림도16-4은 『르몽드 푸르 리르Le Monde Pour Rire』라는 시사잡지의 표지 그림으로 르모A. Lemot가 제작한 작품이다. 레셉스가 굴착 장비를 들고서 배 위에 서 있다. 앞에서는 검은 피부의 '홍해'가 배를 끌고, 뒤에서는 흰 피부의 '지중해'가 배를 밀고 있다. 배경에 보이는 피라미드가 이곳이 이집트임을 말해준다.

　세계 무역의 역사에서 수에즈운하의 개통만큼 막대한 영향을 끼친 사건은 드물다. 무엇보다 유럽과 아시아를 잇는 항로가 혁명적으로 단축되었다. 단번에 무려 7,000킬로미터를 줄이게 된 것이다. 운항 시간과 비용이 크게 줄어든 건 당연한 결과였다. 1873년 소설가 쥘 베른이 출간한 모험소설 『80일간의 세계일주』에서 주인공 필리어스 포그와 파스파르투의 일정을 가장 많이 단축시켜 준 게 바로 수에즈운하였다. 인도네시아 자바에서 네덜란드 암스테르담에 이르는 운송비가 1870년에서 1913년 사이에 55퍼센트나 줄어들게 된 결정적 요인도 바로 수에즈운하였다. 이렇듯 수에즈운하는 세계 시장을 하나로 통합시키는 데 핵심적인 역할을 했다. 다시 말해 수에즈운하의 건설은 19세기 후반에서 20세기 초반의 이른바 '1차 세계화시대'에 교통의 대혁명을 가져다준 대표적 혁신이었다.

수에즈운하가 끼친 두 번째 중요한 영향은 범선과 증기선의 경쟁에 종지부를 찍었다는 점이었다. 증기선은 18세기부터 건조되기 시작했고 19세기 초에는 개량된 증기선이 대서양을 횡단하는 데 성공했다. 증기기관의 성능은 지속적으로 개선되었고 바람의 방향에 영향을 적게 받는다는 강점이 있었기 때문에 곧 증기선이 범선의 시대를 마감할 것처럼 보였다. 그러나 증기선은 중대한 약점도 지니고 있었다. 범선의 경우 선내 공간을 거의 전부 화물 적재에 쓸 수 있었지만, 증기선은 무거운 기관과 기계장치를 탑재해야 했고 연료로 사용할 석탄이나 목재를 가득 실어야 했다. 장거리 항해 중에 연료를 공급받을 기착항이 부족하다는 점도 현실적인 문제가 되었다. 이에 따라 범선, 특히 더 많은 돛을 달고 적재 공간을 더 키운 개량된 범선은 19세기 중반을 넘어서까지 국제 해운의 주인공 지위를 잃지 않고 있었다. 그러나 수에즈운하의 개통은 상황을 완전히 뒤바꿔놓았다. 좁고 긴 운하를 통과하기 위해서는 증기선이 유리했고 항로가 짧아지자 풍향과 무관하게 항해할 수 있다는 장점이 더욱 부각되었다. 초기에는 돛을 여전히 장착한 채 증기기관도 함께 사용하는 선박이 개발되었는데, 점차 돛 없이 증기기관만을 사용하는 선박의 비중이 높아져갔다.

수에즈운하가 끼친 세 번째 영향은 어떤 장거리 항로가 주도권을

도16-5 **작자 미상, 「석탄을 채우는 노동자들」, 1873년**

갖느냐와 관련된 것이었다. 아프리카 남단을 도는 대신에 수에즈운하로 홍해를 관통해 아라비아 해로 빠져나온 선박에게는 말라카해협을 통과하는 것이 순다해협을 이용하는 것보다 훨씬 이득이었다. 이 같은 주도적 항로의 변경은 정체에 빠져 있던 싱가포르를 회생시키는 원동력이 되었다. 1869년부터 싱가포르는 유럽과 아시아를 연결하는 화물선과 여객선이 반드시 거쳐야 하는 기착항구로서 북적대기 시작했다.

「석탄을 채우는 노동자들」도16-5은 운하가 개통한 지 4년 뒤의 모습을 보여준다. 싱가포르 항에 정박한 장거리 화물선이 필요로 하는 연료를 채워 넣는 장면이다. 수많은 쿨리들이 야간에 불을 환하게 밝힌 채 힘든 노동을 하고 있다. 부두에서 배 안으로 석탄을 실어 나르는 모습이 힘겨워 보인다. 두 명의 백인이 앉아서 이들의 작업을 감독하고 있다. 후텁지근한 공기와 시커먼 석탄, 쿨리들의 몸뚱이를 타고 비처럼 흘러내리는 비릿한 땀이 그림에서 느껴지는 듯하다. 이렇게 운반을 하고 나면 쿨리들의 손에는 1센트의 급료가 쥐어진다. 참으로 값싼 노동력이다.

이제 첫 번째 그림도16-1으로 돌아가 보자. 청년들에게 동전을 던지는 이는 수에즈운하를 통해 항해한 끝에 싱가포르에 갓 도착한 증기선의 선원들이었다. 운하가 개통된 지 불과 3년밖에 되지 않은 시점이었다. 빈곤에서 벗어나지 못한 젊은 동냥아치들이 항구에 넘쳐나고 있었다. 이 다이버들은 까맣게 모르고 있었다. 싱가포르 경제가 폭발적으로 성장하고 싱가포르가 세계적 물류 이동의 중심지로 자리매김을 하게 되는 역사적인 출발선상에 자신들이 서 있다는 사실을 말이다.

전 지구를 엮는
통신혁명의
신호탄이 터지다

해저 전신케이블 매설

도17-1
●
올라우스 망누스,
「해양지도」, 1539년 [1572년]

이 그림은 1530년대에 제작된 지도의 한 부분이다. 이 지도에는 당시 바다를 항해하는 선원들이 두려워했던 두 가지 위험요소가 표시되어 있다. **이들은 무엇일까? 그리고 19세기에 인류가 발명한 물품 가운데 이런 위험요소와 긴밀한 연상 작용을 일으킨 것은 무엇일까?**

이 지도를 제작한 사람은 스웨덴의 성직자이자 작가면서 지도 제작에도 뛰어났던 올라우스 망누스다. 16세기에 「해양지도 Carta Marina」라는 제목으로 발표된 이 지도는 북유럽의 지명을 정확히 기록한 초창기 지도로서 가치가 높다. 이 지도는 노르웨이 중서부의 해안과 바다 부분을 보여준다. 망누스는 당시 선원들이 두려워했던 첫 번째 위험요소로 커다란 소용돌이를 그려 넣었다. 암초와 해저지형에 대한 지식이 부족하던 시절이니 당연했을 것이다. 두 번째 위험요소로 그가 묘사한 것은 바다괴물

도17-2 작자 미상, 「왕의 선박을 삼키는 바다뱀」, 『사랑의 장미정원』, 1670년

이다. 엄청난 크기의 바다뱀이 지나가는 범선을 덮쳐 공격하는 모습은 우리에게 영화적 상상력을 유발하기에 충분하다.

거대한 바다뱀 혹은 바다괴물에 대한 이야기는 시간과 지역을 가리지 않고 존재해 왔다. 아시아에서도 무시무시한 해양 괴생물체에 대한 전설이 많다. 왼쪽은 1670년 인도 데칸고원 지방의 아딜샤히Adil Shahi 왕국에서 그려진 작품으로, 누스라티Nusrati라는 궁정 시인이 지은 『사랑의 장미정원』이라는 서사시에 삽화로 들어 있는 그림도17-2이다. 이 서사시는 세계 곳곳의 위험한 바다와 육지를 넘나드는 영웅의 이야기라고 한다. 그림 중앙에 왕과 신하들, 근위대가 큰 배에 올라타 있고 이 배를 거대한 바다뱀이 둘러싸고 있다. 주변에 다른 배들도 보인다. 이미 한 척의 배는 바다뱀의 아가리 안으로 빨려 들어가고 있다. 왕의 배에 승선한 사람들은 모두 손바닥을 위로 향한 채 기도를 하고 있다. 과연 왕과 그 일행은 바다뱀의 공격을 벗어날 수 있을까? 그림을 자세히 보면 바다뱀 이외에도 다양한 괴생물체들이 등장한다. 악마의 얼굴을 가진 물고기도 있고, 대형 게와 거북도 있고, 심지어 남녀 인어도 있다. 당시 사람들의 머릿속에 대양은 가상의 괴물들이 도처에 출몰하는 위험천만한 공간이었나 보다. 북해든 인도양이든 상관없이.

대항해시대가 개막한 지 얼마 지나지 않은 시기였으니 미지의 원양으로 출항하는 선박이 늘고 있었고 그만큼 해양괴물에 대한 두려움도 컸으리라. 이후 대항해시대가 중상주의 시대, 그리고 공업화 시대와 세계화 시대로 이어졌다. 그 사이에 인간은 지리 지식과 과학 장비를 눈에 띄게 향상시켰다. 19세기 후반이 되자 바다에 대한 인간의 두려움은 현저하게 줄었다. 그러나 바다괴물의 압도적인 이미지만큼은 사람들의 뇌리에서 쉽게 지워지지 않았다.

덴마크의 저명한 동화작가 안데르센의 작품 중에 「거대한 바다뱀」이라는 작품이 있다. 1872년에 발표한 작품이다.

그들〔바다동물들〕이 바다에서 아무 생각 없이 예쁘게 헤엄을 치고 있을 때, 바로 그들 한가운데로 엄청난 소리를 내며 위로부터 마치 끝이 없을 것처럼 보이는 길고 무거운 물체가 떨어졌다. …… 수면과 바닥에 있는 모든 크고 작은 물고기들이 공포에 휩싸였다. 거대한 괴물체는 점점 더 깊이 내려왔고, 몇 마일이고 한 없이 더 길어졌다.

이 '거대한 바다뱀'의 정체는 무엇이었을까? 그것은 앞에서 본 것과 같은 해양괴물이 아니었다. 바로 인간의 발명품인 전신케이블이었다. 안데르센이 이 동화를 발표하기 10여 년 전 지구상의 대륙들을 전신망으로 연결하려는 프로젝트가 진행되었다. 특히 유럽과 북아메리카를 잇는 대서양 해저전신케이블은 많은 이들의 호기심을 자극했다. 안데르센도 그중 한 명이었다.

전신기술의 발달은 19세기 전반을 거치면서 서서히 그러나 지속적으로 이루어졌다. 처음엔 전기신호를 보내는 과학적 원리가 탐구되었고 1830년대부터는 기술의 상용화가 본격적으로 추진됐다. 전신은 서유럽과 북아메리카에서 철도가 부설되면서 각별한 주목을 받았다. 주로 철로를 따라 전신주를 세우고 이들을 케이블로 잇는 방식으로 부설되었다. 철도가 단선으로 놓이던 시절이라 기차의 통행을 안전하게 제어하려면 전신으로 연락을 취하는 게 필수적이었다. 이렇게 시작된 전신케이블 부설은 인류의 생활에 혁명적 변화를 가져왔다. 과거에는 소식을 전하려는 사람은 직접 교통수단을 이용해 목적지까지 이동하는 수밖에 없었다. 물론 비둘기 다리에 쪽지를 묶어 날리거나 봉화를 이용하는 방법도 있었지만, 전달이 불확실한 경우가 많았고 사전에 약속한 간단한 내용 이상을 전하기 어려웠다. 전신은 교통으로부터 통신이 분리됨을 의미했다. 물리적 이동 없이 멀리서 원하는 정보를 정확하게 보낼 수 있게 됨으로써 인류는 '통신혁명'의 시대를 맞게 된 것이다.

먼저 서구 공업국 중심으로 전신케이블이 깔렸고 점차 인접국들로 확대되었다. 통신사 로이터Reuter는 전신망을 통해 기사거리를 모으고 뉴스로 송출하는 시스템을 재빨리 구축했다. 1855년 『데일리 텔레그래프 Daily Telegraph』라는 참신한 제목으로 창간된 신문은 1870년에는 런던에서 최대 부수를 발행하는 신문이 되었다. 시대적 변화를 감지한 기업가들, 그리고 세계적 제국의 건설을 의도한 정치가들은 이제 지구 전체를 전신망으로 연결하는 웅대한 꿈을 키웠다. 이 꿈을 실현하는 데 가장 큰 걸림돌은 대륙 간에 놓인 대양이었다. 해저 전신케이블을 깔아 대륙을 연결하는 작업은 결코 쉽지 않았다. 1858년 역사상 처음으로 대서양 바닥에 전신케이블이 놓였다. 영국 빅토리아 여왕이 미국 뷰캐넌 대통령

도17-3 작자 미상, 「그레이트이스턴호의 내부 탱크」, 1865년

에게 성공을 기념하는 첫 메시지를 보냈다. 그러나 신호 품질이 나쁘고 장비가 부실해 곧 못쓰게 됐다. 몇 차례의 시행착오 끝에 마침내 1865년에 새 케이블이 성공적으로 부설되고 이듬해부터 사용되기 시작했다.

위의 그림도17-3은 1865년 대서양 해저케이블의 부설을 가능케 했던 중요한 열쇠를 보여준다. 많은 일꾼들이 방사형 구조물 위에서 작업 중이다. 둥근 원을 커다랗게 그리며 앉아 있는 이들의 발아래에는 긴 케이블이 가지런히 정돈되어 있다. 케이블의 한쪽 끝은 천장에 뚫린 구멍을 통해 외부로 나간다. 이 그림은 전신케이블 부설에 사용된 영국의 선

도17-4 로버트 하울렛이 촬영한 그레이트이스턴호의 건조 장면, 1857년

박 그레이트이스턴호 SS Great Eastern의 내부를 보여준다. 이 대형 선박은 그림과 같은 대형 적재공간을 세 개나 갖춰 무려 길이 4,300킬로미터의 케이블을 한꺼번에 실어 나를 수 있었다.

솜씨 좋은 사진작가 로버트 하울렛 Robert Howlett, 1831~58이 남긴 사진도17-4에서 그레이트이스턴호의 위용을 실감할 수 있다. 천재적인 공학자 이삼바드 브루넬 Isambard K. Brunel이 건조한 이 배는 길이 211미터, 적재량 1만 8,000톤으로 당시 세계 최대 규모를 자랑했다. 배 옆면에 붙어 있는 외차外車만 해도 지름이 17미터에 달했다. 엄청난 규모에 걸맞게 그레이트이스턴호는 '리바이어던 Leviathan'이라는 별명으로 불리곤 했다. 이 선박에 실린 케이블은 말레이군도에서 자라는 거타퍼차 Gutta‑percha 라는 천연고무에서 추출한 수지로 전선을 감싸 절연처리를 함으로써 성능을 한층 높인 것이었다. 이렇듯 대서양 전신케이블을 부설하는 데는 당시 최첨단의 기술이 필요했다.

이후에도 기술진보가 계속 이루어졌다. 추가적 전신케이블이 대서양에 부설되었고 신호를 선명하게 멀리 보내는 기술도 계속 진화했다. 그 결과 통신 속도가 비약적으로 빨라졌다. 1858년 빅토리아 여왕의 첫 메시지는 10분에 한 단어의 속도로 보내졌는데, 1866년의 전신케이블로는 10분에 80단어로 빨라졌다. 20세기 초에는 10분에 1,200단어까지 보낼 수 있게 됐다. 이에 따라 정보의 전파가 눈부실 정도로 빨라졌다. 1798년 영국과 프랑스가 벌인 나일 강 전투의 소식이 런던에 도달하는 데에는 62일이 걸렸다. 시속 2.2킬로미터의 속도였다. 그런데 1858년 애로호 사건을 계기로 체결된 톈진조약의 소식은 82일(시속 4.2km), 1865년 링컨의 암살 소식은 13일(시속 18.8km)이 걸렸고, 1891년 일본의 미노오와리 지진 소식은 단 하루(시속 394.4km)면 충분했다.

통신혁명은 전쟁 판도에 중대한 영향을 끼쳤다. 과거 대부분의 전쟁에서는 전황을 본국에서 통제할 수 없었다. 통신에 걸리는 시간이 너무 길었기 때문이다. 따라서 파견한 지휘관의 현지 판단에 맡겨 전투를 수행할 수밖에 없었다. 그러나 이젠 사정이 완전히 달라졌다. 전장에서 멀리 떨어진 본국에서 세세한 전황을 파악하고서 그때그때 명령을 내릴

도17-5 에드워드 샘본, 「로즈의 거상」, 「펀치(Punch)」, 1892년

수 있게 된 것이다. 전쟁뿐이 아니었다. 제국의 통치, 무역과 금융의 운영까지도 원격 조종이 가능해졌다. 빅토리아 여왕은 버킹엄 궁전에 설치된 전신국을 통해 시시각각 대영제국의 지역 상황을 파악하고 통제할 수 있었다. 다른 열강 지도자들도 별반 다르지 않았다.

「로즈의 거상」도17-5이라는 그림을 보자. 주인공은 19세기 후반 아프리카 여러 지역을 영국의 식민지로 만드는 데 결정적인 역할을 한 정치가 세실 로즈Cecil J. Rhodes, 1853~1902다. 고대의 7대 불가사의 중 하나로 꼽히는 로도스의 거상巨像, Colossus에 비유해 그린 작품이다. 로즈의 두 발이 놓인 곳은 카이로와 케이프타운이고, 그의 양손에는 긴 케이블이 걸쳐 있다. 1892년 로즈가 아프리카를 남북으로 연결하는 전신케이블을 부설하겠다는 계획을 발표한 직후에 제작된 그림이다. 영제국의 관점에서 볼 때 로즈의 구상은 아프리카의 식민지 작업에서 우위를 점할 수 있는 핵심전략이었음이 분명하다.

전신케이블이 가져온 통신혁명은 19세기 세계화를 앞당긴 놀라운 추동력이었다. 그러나 변화의 과실果實이 모두에게 공유된 것은 아니었다. 오늘날 정보기술 산업 발달이 국가 간, 계층 간에 디지털 격차Digital Divide를 낳았듯이, 전신케이블의 부설도 여러 측면에서 중대한 격차를 낳았다. 그중에서도 열강과 제3세계 간의 정보 격차는 지구의 분할과 식민지화를 가속화하는 결과를 가져왔다. 소수의 강대국이 기술력, 군사력, 통치력을 완전히 장악할 수 있었기 때문이었다. 바야흐로 '강제적 세계화'의 시대가 열린 것이다.

이민자들이
건설한 나라가
이민자들을
배척하다

이민자 수용과 배제의 역사

도18-1
조지프 케플러, 「돌아보기」,
「퍽(Puck)」, 1893년

한 사내가 나무판자로 만든 구조물 위를 건너오고 있다. 옆의 굵은 나무둥치에 밧줄이 묶여 있는 것으로 보아 정박한 배에서 내려 뭍으로 걸어 나오는 모습이다. 그런데 그의 앞을 다섯 인물이 가로막고 있다. 더 이상 가까이 오지 말라는 손짓을 보낸다. **이들은 누구일까? 배에서 내린 사내에게는 어떤 미래가 기다리고 있을까?**

상륙을 원하는 사내는 많은 짐을 어깨에 메고 손에는 보따리를 들고 있다. 전형적인 가난한 이민자의 모습이다. 그와 대조적으로 다섯 명의 중년 신사는 값비싼 코트에 실크해트를 쓴 말끔한 차림이다. 부유한 주민들이 가난한 이민자가 들어오는 것을 막는 광경임을 알 수 있다. 흥미로운 점은 중년 신사들의 뒤로 드리워진 그림자다. 소박하다 못해 남루한 젊은이들의 형상이다. 바로 중년 신사들의 젊은 날 모습이다. 그들도 한때는 가난한 이민자였던 것이다. 비슷한 처지였던 자신의 과거를 잊고 새로운 이민자에 대해 적대적인 태도를 취하는 현상을 이 만평은 풍자하고 있다. 작가 조지프 케플러Joseph Keppler, 1838~94는 이 그림에 「돌아보기」라는 제목을 붙였다. 그리고 '그들은 자신과 아버지에게 열렸던 다리를 신입자에게는 닫을 것이다'라는 설명을 달았다.

이 그림이 제작된 시점은 1890년대로, 미국으로 유입되는 이민자의 행렬이 한창 길어지던 때다. 이민자의 수가 100만 명을 넘는 해도 있었다. 전체 인구의 15퍼센트 가까이가 이민자였던 시절이다. 또한 이 시기는 이민자의 구성에 중요한 변화가 발생한 때이기도 했다. 과거에는 영국, 아일랜드, 독일 등 유럽 북서부 출신이 이민자의 대다수를 차지했다. 1870년대까지도 이 '구舊이민자'의 비중이 전체 이민자의 75퍼센트를 차지했다. 그렇지만 1880년대를 기점으로 이탈리아, 오스트리아-헝가리, 폴란드, 러시아, 그리스 등 유럽 남동부 출신 이민자가 급증했다. 이들 '신新이민자'의 비중은 1890년대에 51퍼센트를 차지하더니 1900년대에는 70퍼센트를 넘어섰다. 구이민자, 특히 가장 일찍 이민 와서 경제적 기반을 닦고 사회적 지위를 얻은 영국계 앵글로색슨 집단은 신이민자의 급증에 불안을 느꼈다. 자신들이 그간 쌓아온 질서와 가치가 큰 영향을 받을지 모른다는 위기감이 퍼졌다. 「돌아보기」는 바로 이런 시대적 상황을 반영한 만평이다.

당시의 반反이민 분위기를 보여주는 또 다른 작품도18-2을 보자. 그랜트 해밀턴Grant Hamilton이 그린 이 만평에서 미국을 상징하는 엉클 샘이 이민자들을 바라보고 있다. 멀리 보이는 자유의 여신상이 이곳이 뉴

도18-2 그랜트 해밀턴, 「비난이 향하는 곳」, 「저지(Judge)」, 1891년

욕임을 말해준다. 이민자들은 하나같이 남루한 차림에 인상이 고약하게 묘사돼 있다. 이들은 '독일 사회주의자' '러시아 무정부주의자' '폴란드 부랑자' '이탈리아 강도' '영국 죄수' '아일랜드 빈민'이다. 이들을 바라보는 엉클 샘의 표정이 좋을 리 없다. 그의 발치에는 '뉴올리언스의 마피아, 시카고의 무정부주의자, 뉴욕의 사회주의자'라고 적힌 종이가 놓여 있다. 무제한적으로 쏟아져 들어오는 신이민자들이 미국에서 무정부주의, 사회주의, 마피아와 같은 악덕을 만들어내는 원천이라는 메시지를

전하는 만평이다.

　미국은 이민자의 국가로 출발했다. 1620년 종교의 자유를 찾아 메이플라워 호에 몸을 싣고 영국을 떠난 청교도들이 '뉴'잉글랜드에 자리를 잡았다. 이후 일반 이민자와 함께 계약 노동자와 유배형을 받은 죄수도 유입됐고, 이민자의 출신 국가도 점차 다양화됐다. 시간이 흐르면서 백인 이민자들은 동부 식민지 주들을 형성했고, 영국으로부터 독립을 이뤘으며, 인디언들을 폭력적으로 쫓아내면서 서부로 확장해 나갔다. 그 과정에서 이민 문제가 본격적으로 등장하기 시작했다.

　처음에는 미국인이 이민자 입장에 있었다. 멕시코의 영토였던 텍사스에는 노동력이 부족했기 때문에 1821년부터 멕시코 정부는 미국인들이 이 지역에 들어와 거주하도록 허락했다. 미국인 거주자는 꾸준히 늘어 1836년에는 2만5,000명으로 텍사스 인구의 84퍼센트나 되었다. 이들은 이 해에 멕시코와 무력 충돌하여 텍사스를 독립된 공화국으로 선포했다. 그러고는 미국의 일부로 편입되겠다고 주장했다. 1844년부터 미국은 텍사스를 자국 영토로 편입시키기로 마음먹었고 마침내 1846년에 멕시코와 전쟁을 개시했다. 존 캐머런 John Cameron이 그린 추루부스코 전투 Battle of Churubusco 장면도18-3이 당시의 상황을 말해준다. 그림에는 미군의 공격을 버텨내지 못하고 퇴각하는 멕시코군의 모습이 묘사돼 있다. 이런 양상은 전쟁 기간 내내 반복되었다. 2년 후 전쟁은 과달루페이달고 조약의 체결과 새 국경선의 획정으로 마무리됐다. 패전한 멕시코는 영토의 절반을 상실하는 굴욕을 맞았다. 반대로 승전국 미국은 텍사스와 더불어

도18-3 존 캐머런, 「추루부스코 전투, 1847년 8월 20일」, 1847년

오늘날의 캘리포니아, 네바다, 유타, 애리조나 그리고 뉴멕시코와 콜로라도의 일부에 해당하는 광활한 영토를 얻었다. 영토 획득과 더불어 미국은 멕시코에게 1,500만 달러를 지불했다. 푼돈에 불과한 이 지불은 미국이 토지를 강탈한 것이 아니라 구입한 것이라는 정당화의 기초가 됐다.

　미국은 점차 이민자의 관점이 아니라 이민 통제자의 관점을 갖게 됐다. 한편으로는 경제 발전에 노동력이 필요했으므로 이민에 개방적인 입장을 취했지만 다른 한편으로는 특정 부류의 이민자만을 받기 바랐다.

이미 건국 때부터 흑인 노예들은 시민으로 받아들이기를 거부했다. '자유 백인'만이 온전한 시민이 될 수 있다는 인종적·신분적 장벽이 구축됐다. 1845년부터는 아일랜드에서 감자기근이 발생해 연평균 25만 명의 아일랜드인들이 미국 동부로 들어왔다. 미국 사회의 주류층인 앵글로색슨신교도WASP, White Anglo-Saxon Protestant들은 이들에게 거부감을 갖고 폭력을 행사하기도 했는데, 여기에는 아일랜드인들이 가톨릭이라는 점도 작용했다. 종교적 장벽이 세워진 것이다. 한편 미국의 서부 지역으로는 중국인들의 입국이 뜨거운 이슈가 되었다. 1850년대를 전후해서 일자리를 찾아 입국하는 중국인 쿨리의 수가 크게 늘기 시작했다. 그러자 중국인들의 저임금 노동이 미국이 유지해오던 백인 자유노동과 흑인 노예제를 잠식할 것이라는 우려가 백인 사회에 퍼졌고 이것이 증오와 경멸의 형태로 표출됐다.

조지프 케플러의 그림도18-4은 이미 1860년대에 아일랜드인과 중국인에 대해 미국인의 거부감이 확산되었음을 보여준다. 윗줄 그림을 보면 동부에서 서부로 걸어 나가는 아일랜드 이민자와 서부에서 동부로 향해 가는 중국 이민자들이 엉클 샘을 양쪽에서 삼키고 있다. 미국적 가치와 제도를 이민자들이 삼켜버릴 것이라는 두려움과 반감이 노골적으로 드러난 작품이다. 아랫줄 그림에서 엉클 샘은 완전히 먹혀버리고 만다. 그리고 이후 중국인이 아일랜드인마저도 삼켜버림으로써 사태가 종결된다. 작가는 아일랜드인보다 중국인이 궁극적으로 더 큰 위협이 될 것이라고 느꼈던 모양이다. 아직 중국인이 아일랜드인보다 훨씬 적은 때였다

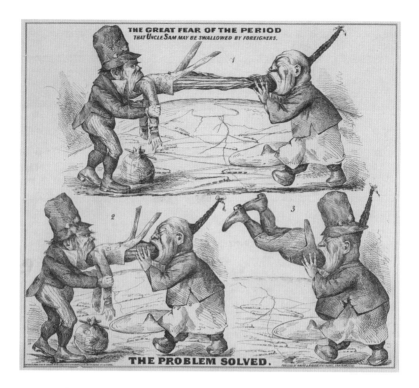

도18-4 조지프 케플러, 「동시대의 큰 공포, 문제 해결」, 1860년대

는 점을 감안하면 인종적 편견이 작용했다고 판단할 수 있다. 중국인에 대한 이런 인종적 반감은 1882년 중국인 이민금지법이 제정됨으로써 공식화됐다. 이 이민법에 따라 중국인이 미국 시민권을 획득하기가 지극히 힘들어졌다. 결국 1882년 4만 명이던 중국인 이민자는 1885년에는 겨우 스물세 명에 불과하게 됐다.

다음 그림도18-5은 중국인 이민금지법이 제정된 1882년 어느 신문에

도18-5 작자 미상, 「거부된 유일한 사람」, 「프랭크 레슬리 일러스트레이티드 뉴스페이퍼(Frank Les-lie's Illustrated Newspaper)」, 1882년

실린 만평으로, 제목은 「거부된 유일한 사람」이다. 변발의 중국 사내가

'자유의 금문Golden Gate of Liberty' 앞에서 짐을 내려놓고 앉아 있다. 샌프

란시스코에서 미국으로 입국을 거절당해 힘이 빠진 모습이다. 그가 깔고

앉은 궤짝과 주변의 짐들에는 '근면' '질서' '평화' '금주'라고 적혀 있다. 문 옆에는 '주의: 공산주의자, 허무주의자, 사회주의자, 페니언(아일랜드 혁명조직) 단원, 불량배 환영, 중국인은 입장불가'라고 쓴 공고문이 걸려 있다. 아무리 좋은 덕목을 갖춘 사람이라도 중국인이면 입국할 수 없다는 내용으로, 미국 사회에 위협이 될 수 있는 사람이라도 백인이면 이민이 허용된다는 공고문과 선명한 대조를 이룬다. 그림 맨 아래에 '개화된 미국 정치가'가 하는 말이 적혀 있다. '어딘가에는 우리가 선을 그어야 하잖아.' 이 '어딘가'를 결정한 것이 바로 인종주의였다.

1890년대부터 폭발적으로 증가한 유럽 남동부 출신의 '신이민자'는 중국인과는 매우 다른 상황을 가져왔다. 이들은 종교적으로 신교도가 아니라 가톨릭, 유대교, 정교회 등으로 다양했다. 비록 대다수가 백인이긴 했지만 미국의 주류층은 자신들보다 이들이 인종적 · 문화적으로 열등하다고 여겼다. 신이민자에게는 범죄, 빈곤, 질병, 사회주의에 오염된 집단이라는 낙인이 찍혔다. 자연스럽게 신이민자의 유입을 규제하는 법률의 제정이 뒤따랐다. 문자해독 능력을 테스트해 입국 여부를 결정한 1917년 이민법이 대표적이었다. 1924년 국적별로 이민자 수에 제한을 두는 이민할당법도 마찬가지 효과를 가졌다. 이렇듯 미국의 이민정책은 주류층이 '진짜 미국' '바람직한 미국'이라는 관념에 기초해 만들어낸 제도였다. 1965년에 이르러서야 미국은 이민자를 더 이상 국적별로 할당하지 않는 정책을 시작했다. 이후 인종 · 종교 · 국적은 이민 허용의 기준으로서 점차 약화됐다. 그만큼 미국의 정체성은 다문화국가를 향해 나아갔다.

21세기에 미국 이민정책은 새로운 기로에 서 있다. 종교적 자유를 찾아 이민 온 청교도들이 건국 기반을 닦았던 나라 미국은 이제 종교와 국적의 장벽을 쌓겠다는 대통령을 뽑아놓았다. 텍사스가 멕시코 영토였던 시절에 이민자로서 살았던 미국인들은 이제 멕시코와의 국경에 엄청난 장벽을 쌓겠다는 정책과 마주하고 있다. 그것도 멕시코 측의 비용으로 말이다. 흑인, 아일랜드인, 중국인, 남동유럽인 이민자들에게 차별과 억압을 강요했던 역사는 완전하게 소멸한 게 아니었나 보다. 과연 다문화적 용광로melting pot라는 미국의 자부심은 반反이민 폭풍을 견뎌낼 수 있을까?

19세기 후반,
경제이념 공방전이
가열되다

자유무역 대 보호무역

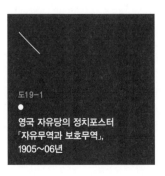

도19-1
●
영국 자유당의 정치포스터
「자유무역과 보호무역」,
1905~06년

두 가게의 풍경이 대조를 이룬다. 왼편의 '자유무역 가게'에는 물건을 사려는 고객들이 장사진을 치고 있다. 반면에 오른편의 '보호주의 가게'에는 고객의 발길이 끊긴 가운데 가게 주인이 세금을 징수하러 온 세리를 맞고 있다. 세금을 내지 못해 쩔쩔매는 표정이 안쓰럽다. **이 정치 포스터는 어떤 시대적 상황을 보여주고 있을까?**

20세기 초에 영국에서 제작된 정치 포스터다. 자유무역주의와 보호무역주의 가운데 정부가 어떤 정책기조를 채택할 것인가가 선거의 핵심 쟁점이었던 시기다. 깨끗하고 산뜻하게 정리되어 있는 자유무역 가게 진열대에는 먹을거리가 풍성하다. 이와 대조적으로 칙칙한 빛깔의 보호무역 가게 진열대에는 먹을거리의 양과 종류가 적고, 가격이 비싸다. 진열대 유리창에는 거미줄이 가득하다. 심지어 주인이 입은 앞치마는 낡아서 끝부분이 헤져 있고 그가 신은 신발은 앞이 터져 발가락이 삐져나와 있

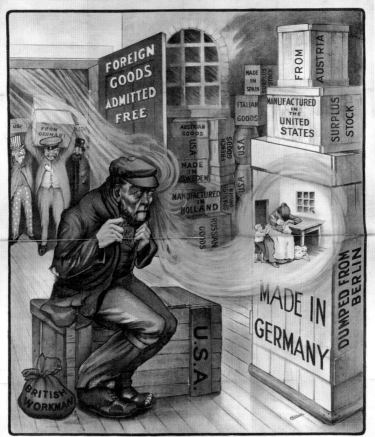

도19-2 영국 자유유니언주의자당의 정치 포스터 「자유무역의 비참함」, 1905~10년경

다. 디테일에 신경을 참으로 많이 쓴 포스터다.

　당시 정당들은 자유무역 혹은 보호무역이 유리하다는 포스터를 통해 유권자들의 마음을 사려고 무진 애를 썼다. 자유무역을 옹호하는 견해는 시장 개방이 가져다주는 이점을 강조했다. 관세를 낮추면 해외에서 상품이 낮은 가격으로 들어와 소비자에게 이득이 된다. 또 다른 국가들이 시장 개방을 하면 국내 생산자들이 수출을 늘리고 이윤을 확대할 수 있다. 이렇듯 자유무역은 국민들이 더 큰 파이를 누리게 해준다고 강조했다.

　이와 반대로 보호무역을 옹호하는 견해는 해외 상품의 대량 유입이 국내 산업을 위축시켜 실업자를 양산하고 노동자의 소득을 감소시킬 것이라고 말했다. 왼쪽 그림도19-2이 이런 메시지를 담은 정치 포스터다. 영국 노동자가 화물창고 안에서 남루한 옷차림으로 앉아 추위에 떨며 옷깃을 여미고 있다. 그를 떨게 만든 것은 바깥에서 불어오는 수입이라는 찬바람이다. 미국, 독일, 오스트리아 등 해외 곳곳에서 들어오는 상품이 창고에 가득 쌓인다. 수입 상품들로 인해 일자리를 잃게 된 노동자는 집에서 낙심하고 있을 아내와 아이 생각에 수심이 가득하다. 보호무역주의자들은 시장 개방이 국내 경제에 피해를 주게 될 것이라고 강변했다. 시장을 개방하면 국제경쟁력을 갖춘 일부 산업만 이익을 향유할 수 있으므로 그렇지 못한 국내 산업이 충분한 경쟁력을 확보할 때까지 제도적 보호를 해 주는 것이 필요하다고 주장했다. 이른바 유치산업보호론이다.

　자유무역주의와 보호무역주의의 대립이 본격화한 것은 19세기에 들어서였다. 그 이전에는 어느 나라에서건 금과 은의 획득을 늘려야 국부가 증강된다는 중상주의 사상이 지배적이었다. 그러기 위해서 수출을 장려하고 수입을 억제하는 보호주의 정책이 당연하다고 생각했다. 그런데 18세기 후반부터 영국이 산업혁명을 경험하면서, 그리고 19세기에 여러 국가들이 뒤이어 공업화를 진행하면서 상황이 달라졌다. 자유무역을 옹호하는 주장이 대두해서 보호주의를 주장하는 기존의 관념을 공격하기 시작했다. 양측의 대립이 고조되면서 국가적 선택이 불가피한 상황으로 이어졌다. 결국 국가별로 평화적 혹은 폭력적인 과정을 통해 자유무역과 보호무역을 둘러싼 주요 결정이 이루어졌다.

먼저 영국을 살펴보자. 1815년 나폴레옹전쟁이 끝나자 곡물 가격이 폭락하는 사태가 발생했다. 그러자 의회는 곡물 가격이 아주 낮은 수준으로 떨어지지 않는 한 수입을 금지하는 곡물법Corn Law을 제정했다. 의회의 다수파였던 지주 계층이 자신의 이익을 보호하기 위해 제정을 주도한 법률이었다. 점차 성장하고 있던 자본가 계층은 1838년 반反곡물법 동맹을 결성해 대중 시위를 개최하고 의회에서도 반대 운동을 벌였다. 오른쪽 그림도19-3은 1840년대 초 런던에서 벌어진 곡물법 반대 시위의 모습을 보여준다. 실크해트에 정장을 갖춘 자본가들 옆으로 수수한 옷차림의 노동자들, 그리고 '샌드위치 구호판'을 몸에 찬 아이들이 보인다. 곡물법은 식량 가격을 높여 생계비 부담을 가중시킬 것이라는 우려가 노동계층을 곡물법 반대 시위에 참여하게 했다. 따라서 자본가와 노동자는 계층 차이에도 불구하고 곡물법에 반대한다는 측면에서는 공감대를 긴

도19-3 반곡물법동맹의 시위 모습, 1840년대

밀하게 유지했다.

　1846년 영국 정부는 결국 곡물법의 폐지를 결정하게 된다. 자유무
역의 보호무역에 대한 승리를 싱징히는 역사저 사건이었다. 지주 계층
의 번영이 경제 발전에 필수라고 본 토머스 맬서스Thomas R. Malthus의 이
론이 힘을 잃고, 각국이 생산비가 상대적으로 낮게 드는 상품만 제조해

자유무역을 하면 모두에게 최대의 이익이 돌아간다는 데이비드 리카도 David Ricardo의 비교우위론이 승리를 하는 순간이었다. 영국은 주변 국가들이 자유무역에 동조하기를 원했다. 영국의 뒤를 이어 공업화에 들어섰던 프랑스에서도 자유무역주의가 점차 힘을 얻어갔다. 그리하여 1860년 양국 간에 코브든-슈발리에 조약 Cobden-Chevalier Treaty이라는 자유무역 협정이 체결되었다. 영국은 프랑스산 주류에 대해, 그리고 프랑스는 영국산 제조업품에 대해 관세를 큰 폭으로 낮췄다. 이 자발적 협정의 결과로 양국의 무역은 크게 증가했다. 1860년대에 해당 제품의 무역은 두 배로 증가했다.

그러나 공업화가 뒤쳐진 국가들의 상황은 달랐다. 독일은 전근대적인 경제구조를 그대로 보유한 주변국이었다. 이 후진국의 학자들은 영국과의 자유무역이 독일의 경제발전을 가져올 것이라고 믿지 않았다. 자유무역을 하면 독일은 영국산 고급 제품을 수입하고 자국산 저가품을 수출하는 경제로 고착화될 것이라고 우려했다. 프리드리히 리스트 Friedrich List를 비롯한 이른바 역사학파 학자들은 이 점에서 의견의 일치를 보았다. 그들은 영국과 독일이 서로 다른 경제발전 단계에 있기 때문에 독일은 자유무역이 아니라 보호무역이 필요하다는 견해를 공유했다.

미국도 아직 공업화의 초기 단계에 머무르고 있었다. 남부와 북부의 경제적 이해관계가 다르다는 점이 미국이 해결해야 할 핵심과제였다. 식민지시대 이래 남부는 농장주들이 플랜테이션에서 흑인 노예를 이용하여 농사를 짓는 경제였다. 대규모로 재배한 면화, 담배, 쌀 등을 유럽

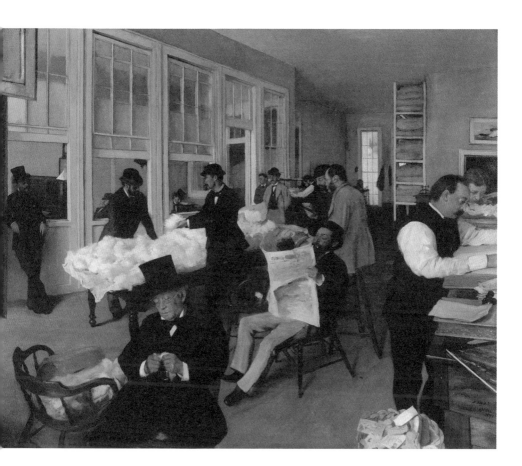

도19-4 에드가르 드가, 「뉴올리언스의 면화사무소」, 1873년

으로 수출해 이익을 얻는 구조였다. 당연히 유럽과 자유무역을 하는 편이 그들에게 유리했다. 반면에 북부에서는 상공업이 서서히 성장하고 있었지만 아직 유럽국들과 경쟁할 수 있는 수준에는 이르지 못한 상태였다. 따라서 북부는 보호무역을 통해 국내 상공업이 커갈 공간을 확보하기를 바랐다. 남북의 이해관계는 양립하기 어려웠다. 긴장관계가 점차

고조되더니 마침내 1861년 남북전쟁의 형태로 폭발했다.

4년에 걸친 전쟁은 북군의 승리로 마무리되었다. 앞서 13장에서 살펴본 것처럼 노예제의 폐지라는 '2차 시민혁명'이 전쟁을 통해 이루어졌다. 경제정책의 측면에서 보면 북군의 승리는 보호무역이 미국 경제정책의 핵심 기조로 확정되었음을 의미했다. 프랑스 화가 에드가르 드가 Edgar Degas, 1834~1917가 1870년대에 그린 뉴올리언스에 소재한 면화사무소의 모습도19-4을 보자. 면화 거래상들은 탁자에 놓인 면화의 품질을 살펴보기도 하고 신문을 읽거나 담소를 나누고 있다. 어쩌면 그들은 전쟁 이전 남부의 자유무역주의 환경을 그리워했을 것이다. 그러나 그들이 원했던 자유무역의 시대를 그들은 다시 만날 수 없었다. 남북전쟁 이후 20세기 중반까지 미국정부가 보호무역주의를 완강하게 고수했기 때문이다.

세계의 모든 나라들이 스스로 무역 방식을 결정했던 것은 아니다. 1839년 중국 정부가 영국 상인들의 아편 거래를 중단시키자 영국은 함대를 보내 전쟁을 시작했다. 영국은 산업혁명을 배경으로 군함과 무기의 성능을 크게 높였고 다른 국가들과 치른 여러 전쟁을 통해 전투능력을 극대화해 왔다는 자신감이 있었다. 「중국 정크 군함을 파괴하는 네메시스 호」도19-5는 에드워드 덩컨Edward Duncan, 1803~82이 묘사한 영국과 중국 해군의 충돌 장면이다. 1841년 동인도회사 소속의 증기 철갑선 네메시스 호가 정크선들로 구성된 중국의 함대를 대포로 공격하고 있다. 아편전쟁은 영국의 일방적인 승리로 끝이 났다. 전쟁에서 승리한 영국은

도19-5 에드워드 덩컨, 「중국 정크 군함을 파괴하는 네메시스 호」, 1843년

난징조약을 맺고 중국이 공행을 통해 유지하던 기존의 독점적 무역체제를 포기하도록 강요했다. 중국은 다섯 개 항구를 열고 최혜국대우 조항에 따라 자유무역적인 체제를 수용해야 했다. 하지만 영국의 기대와 달리 난징조약 이후에도 시장 개방의 효과는 내륙에까지 미치지 않았다. 그러자 영국은 1856년 프랑스를 끌어들여 2차 아편전쟁을 일으켰다. 다시 패전한 중국은 톈진조약과 베이징조약을 통해 열 개 항구를 추가로 개방하고 서구인의 활동 범위를 널리 인정하도록 강요당했다. 중국의 자

유무역은 철저히 '자유롭지 못한' 방식으로 만들어졌다. 이후 중국경제는 자유무역의 결과로 번영이 아니라 쇠퇴를 맞았다.

19세기 중반은 세계화의 첫 물결이 휘몰아친 시대였다. 국가 간 무역이 늘고 노동과 자본의 이동이 많아지고 정보와 지식의 전파가 빨라졌다. 이런 변화 속에서 각국은 자국의 무역기조를 결정해야만 했다. 영국과 프랑스는 자발적으로 자유무역주의를 택했다. 독일과 미국은 보호무역주의로 기울었다. 한편 중국은 강제적인 방식으로 자유무역 진영에 포함되었다.

1870년대가 되자 세계 경제의 분위기가 급변했다. 대불황이 세계 경제를 강타했다. 국제 농산물 가격이 폭락했고 공업국의 불황이 주변국으로 확산되었다. 이런 위기 속에서 자유무역주의를 고수하기란 쉽지 않았다. 거의 모든 국가가 보호무역주의라는 시대적 급류에 휩쓸렸다. 자유무역주의의 첨병이었던 영국조차도 거센 논쟁에 휘말렸다. 20세기에 들어서서도 보호주의의 강세는 계속되었다. 제1차 세계대전, 대공황, 제2차 세계대전을 거치면서 보호무역주의는 식민지 블록경제 체제로 더욱 강화되었다. 이렇듯 제2차 세계대전이 끝나고 시대적 조류가 자유무역 쪽으로 바뀌기 시작할 때까지 보호무역주의 속에서 세계화는 긴 후퇴의 시간을 맞았다.

야만의 문명화인가,
폭압적 지배인가?

제국주의 식민지 정책

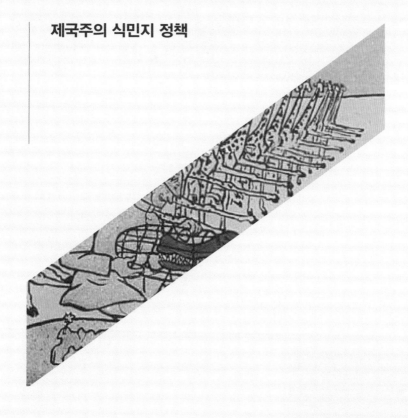

도20-1
●
빅터 길럼,
「백인의 짐」, 『저지』, 1899년

험한 바위 언덕을 두 서양인이 땀을 뻘뻘 흘리며 힘겹게 오르고 있다. 그들이 등에 지고 있는 바구니에는 다양한 인종과 국적의 사람들이 올라타 있다. 이 사람들의 표정에서 자신들을 짊어진 이들에 대한 미안함이나 고마움은 찾을 수 없다. 바위에는 '미신' '억압' '야만' '무지' '잔혹' '식인 풍습' 등이 새겨져 있다. 언덕 꼭대기에는 '문명'의 여신이 황금빛을 내뿜으며 앉아 있다. 양손으로는 각각 '교육'과 '자유'를 보여주고 있다. **이 그림은 어떤 시대적 상황을 배경으로 한 것일까? 화가가 보여주는 역사의식은 어떤 것일까?**

영국 화가 빅터 길럼Victor Gillam이 그린 「백인의 짐」이라는 작품이다. 1899년 미국의 보수적 시사 잡지 『저지Judge』에 실렸다. 미국이 세계적으로 팽창정책을 본격화하던 때로, 쿠바와 푸에르토리코에 이어 필리핀에서 스페인 세력을 몰아내고 지배를 하게 된 시절이었다. 그림을 좀 더 자세히 살펴보자. 빨간 외투를 입은 존 불John Bull은 영국인을 대표하고, 줄무늬 바지를 입은 엉클 샘Uncle Sam은 미국인을 대표한다. 앞서가는 영국인의 바구니에는 중국, 인도, 이집트, 수단 사람들이 들어 있고, 미국인의 바구니에는 필리핀, 푸에르토리코, 쿠바, 사모아, 하와이 사람들이 올라타 있다. 이 그림이 묘사하는 것은 영국과 미국의 제국주의 정책이다. '해가 지지 않는 제국'을 앞서서 건설한 영국을 뒤늦게 식민지 쟁탈전에 나선 미국이 뒤따르고 있다. 이들이 경쟁적으로 향하고 있는 목적지는 바로 '문명'이다. 화가는 영국과 미국이 미개한 후진국들을 개화시키는 과정으로 19세기 말 제국주의를 이해했다. 이런 숭고한 뜻을 모른 채 후진국 사람들은 고마워하기는커녕 오히려 투정을 해대기 일쑤다. 하지만 제국주의 국가들은 이에 개의치 않고 묵묵히 문명화된 세계로 이들을 이끌고 있다.

이 그림은 영국 작가 러디어드 키플링Rudyard Kipling이 같은 해에 발표한 동일한 제목의 시를 시각화한 것이었다. 『정글북 The Jungle Book』의 저자로 잘 알려진 키플링은 이 시에서 서구 중심적이고 백인 우월주의적인 색채를 유감없이 드러냈다. '절반은 악마, 절반은 어린애'와 같은 식민지 주민들은 백인들이 가져다주고자 하는 문명개화, 경제발전, 질병정복의 가치를 몰라보고 그저 원망과 불평만 쏟아낸다. 하지만 백인들은 "그대가 개선시킨 자들의 비난, 그대가 보호해준 자들의 증오, 그대가 웃음을 보냈던 자들의 고함"을 탓하지 말고 더욱 인내하고 노력해서 이 불쌍한 미개인들을 영원한 '빛'으로 인도해야 한다는 내용이다. 오늘날의 기준으로 보면 참으로 뻔뻔한 제국 찬미자의 주장이라고 말할 수 있다.

물론 당시에도 제국주의적 식민지 정책에 대해 모든 사람들이 이렇

도20-2 제국주의에 대해 비판적인 윌리엄 워커의 그림, 『라이프』, 1899년

게 긍정적으로 평가를 내린 것은 아니었다. 예를 들어 키플링이 시를 발표한 해에 시사 잡지 『라이프Life』는 길럼의 그림과 정반대의 이미지를 담은 그림도20-2을 표지에 실었다. 윌리엄 워커William H. Walker가 그린 이 그림에는 미국인, 영국인, 독일인이 각각 필리핀인, 인도인, 아프리카인

의 어깨에 올라타 있다. 제국주의자들의 큰 체구와 여유로운 표정이 식민지인의 가는 체구와 힘겨워하는 표정과 강렬한 대조를 이룬다. 과연 앞의 두 그림 가운데 어느 것이 현실을 더 잘 반영한다고 볼 수 있을까? 오늘날 절대 다수의 역사가들은 후자의 손을 들어준다. 은밀한 방식으로 제국주의의 긍정적 측면을 내보이려는 역사가가 전혀 없는 것은 아니지만, 제국주의가 보여준 패권주의와 식민주의에 대한 학계와 사회의 평결은 압도적으로 부정적이다.

제국주의의 본질은 무엇일까? 이에 대해서는 생각보다 견해가 다양한 것 같다. 우선 제국주의를 서구 열강이 자국의 경제적 이익을 추구하는 방편이라고 보는 견해가 있다. 강대국이 자국의 생산품을 판매하고 식량과 원료와 노동력을 공급받고 자본을 투자해 이익을 뽑아내는 대상으로 식민지를 이용하는 것이 제국주의의 핵심이라는 것이다. 이런 주장은 사회주의 혁명가 레닌에 의해 가장 강렬한 형태로 제기되었다. 자본주의 경제에서는 자본가 간의 경쟁이 심화되면서 이윤율이 저하되는 경향이 불가피하게 나타나는데, 이런 '자본주의의 모순'을 해외 식민지를 통해 지연시키려는 행위가 제국주의 팽창정책이라는 것이다. 그가 제국주의를 '자본주의 최후의 단계'라고 부른 이유가 바로 여기에 있었다.

「식민지를 지배하는 방식」도20-3은 독일 화가 토마스 하이네Thomas T. Heine가 잡지 『짐플리치시무스Simplicissimus』에 실은 작품이다. 이 그림에서 영국의 상인과 군인과 성직자는 각자의 역할을 통해 아프리카인을 쥐어짠다. 그 과정에서 아프리카인의 입에 들어간 럼주는 금화로 재

도20-3 토마스 하이네, 「식민지를 지배하는 방식」, 『짐플리치시무스』, 1904년

탄생한다. 지구상의 낯선 지역에 무역망을 만들고 무력으로 지배하고 개종을 시키는 모든 작업의 궁극적인 목적은 경제적 이익의 획득이라고 말하는 듯하다. 이 화가는 식민주의 자체에 대해 부정적이었을까? 아니면 식민지 쟁탈전에서 뒤쳐졌던 독일을 대표해서 영국식 식민주의를 비판하고 독일식은 더 낫다고 말하고 싶었던 것일까? 이에 대한 판단은 쉽지 않다. 『짐플리치시무스』가 현실 비판에 치중한 삽시였고 힌때 황제 빌헬름 2세로부터 논조가 마음에 들지 않는다는 이유로 탄압을 받기도 했다는 사실을 생각해보면, 아마도 화가는 제국주의 정책 자체에 대해 비판

도20-4 토마스 하이네, 「식민지를 지배하는 방식」, 「짐플리치시무스」, 1904년

적 견해를 가졌던 것 같다. 하지만 이 그림과 함께 실린 그림을 보면 그 생각이 흔들린다. 독일의 식민지에서는 야생동물들도 질서를 이루게 된다는 내용의 그림도20-4이기 때문이다. 어쩌면 이런 애매성은 제국주의 후발국으로서의 독일의 양면성이 낳은 결과인지 모르겠다.

식민지의 경제적 가치에 대해서 19세기 말부터 여러 제국주의 국가에서 논쟁이 벌어지곤 했다. 흥미롭게도 식민지 지배가 본국에게 예상만큼의 경제적 이익을 가져다주지 않았다는 주장이 적지 않았다. 오히려 손해가 더 컸다고 목소리를 높이는 이도 있었다. 경제적 계산 자체가 논쟁 당사자 모두의 동의를 얻기에 어려움이 있었을 것이다. 어쨌든 이 주제가 열강에게 중요한 정치적 논쟁거리였다는 증거로 오른쪽 포스터도20-5를 들 수 있다. 1927년 영국에서 제작된 포스터인데, 「오늘의 정글이 내일의 금광」이라는 제목을 달고 있다. 이 포스터는 열대 아프리카의 식민

도20-5 영국 포스터 「오늘의 정글이 내일의 금광」, 1927년

지에 대한 영국의 무역수지를 상세히 보여준다. 영국의 입장에서 볼 때 식민지로의 수출이 식민지로부터의 수입보다 컸다는 점을 과거 30년 동안의 통계를 통해 강조하고 있다.

식민지 운영의 경제적 비용과 편익을 단순히 무역수지만으로 측량할 수는 없다. 전쟁과 지배와 행정과 관련된 수많은 요인을 함께 고려해야 타당하기 때문이다. 식민지의 경제적 가치는 이래저래 끊임없는 논쟁의 대상이 될 수밖에 없었다. 이런 배경에서 경제적 요인 대신에 정치적 요인에 초점을 맞춰 제국주의를 바라보는 견해가 등장했다. 서구 국가들은 19세기에 경쟁적으로 공업화를 진행하는 과정에서 민족주의를 국가 역량을 동원하는 추동력으로 삼곤 했다. 특히 뒤늦게 통일국가를 이루고 공업화에 박차를 가한 독일과 이탈리아에서 이런 움직임이 가장 거셌다. 19세기 말이 되면 국가 간의 민족주의가 단순한 경쟁을 넘어 적대적이고 호전적인 감정을 불러일으키게 되었다. 이런 상황 속에서 각국의 지배 권력이 식민지 쟁탈전에서 경쟁국들을 꺾음으로써 자국의 민족주의 열망에 부응하고자 한 것이 제국주의의 본질이라고 이 견해는 강조한다.

그렇다면 열강은 상대적으로 소수의 인력만으로 어떻게 광대한 아시아와 아프리카 지역을 통치할 수 있었을까? 기관총과 자본력과 같은 지배 수단을 갖추는 것도 중요했겠지만, 그보다 심리적 요인이 더 중요했다는 주장이 설득력 있게 들린다. 식민지의 피지배자들이 제국주의 본국의 지배자를 어떻게 인식했느냐가 중요했다는 것이다. 지배자는 강인하고 진취적이고 판단력과 지식과 교양을 갖춘 존재로 보이는 데 반해 피지배자는 스스로 피동적이고 나약하고 무지한 존재라고 여기게 되는 과정을 통해 심리적 통치기제가 완성된다. '오리엔탈리즘'에 입각한 이런 열등감과 패배주의가 다수에 대한 소수의 지배를 가능하게 만든 힘이었다는 주장이다.

오른쪽 그림도20-6은 1904년 영국의 한 신문에 실린 삽화로, 인도네시아 자바 섬에서 있었던 호랑이 사냥을 보도한 것이다. 서구인들이 주도한 이런 행사는 제국주의자들의 강인함을 과시함은 물론, 야만에 대한 질서의 승리라는 이미지를 부각시키는 효과를 노린 것이었다. 물리적 지

도20-6 자바에서의 사냥 장면, 『일러스트레이티드 런던 뉴스』, 1904년

배체제에 앞서 심리적 지배체제를 만들어가는 과정이었다. 마찬가지로 1911년 영국의 조지 5세는 인도를 방문했을 때 사냥에 몰두해 11일 동안 호랑이 서른아홉 마리와 코뿔소 열여덟 마리를 잡았다. 야수의 사체를 배경으로 촬영한 수백 장의 사진들은 영국은 물론 인도 곳곳에서 전시됐다. 영국이 제국을 통치할 힘과 자격을 갖춘 국가라는 인상을 식민지 인도인들에게 각인시키기에 더할 나위 없이 좋은 홍보수단이었다.

제국주의 시대에 서구 열강은 지구 전역을 남김없이 분할하고 식민지화했다. 그들은 자국의 군사력을 동원해 강압적으로 통치체제를 구축했다. 자국의 제도와 기술과 자본도 들여왔다. 그리고 새로 도입한 체제가 기존 체제보다 우월하다고 교육시켰다. 세계화의 관점에서 볼 때, 제국주의 식민지 정책은 피지배자들의 의사를 거스르면서 진행된 강제적 세계화 과정이었다. 식민지 주민들은 이제 세계가 어떻게 돌아가고 있는지, 그리고 세계에서 통용되는 제도가 무엇인지에 대해 더 많은 지식을 얻게 되었다. 일부 주민은 변화 속에서 기회를 포착해서 경제적 이익을 얻기도 했다. 그러나 부분적으로 나타나는 이런 긍정적인 측면에도 불구하고, 주권의 상실을 동반해 이루어지는 억압적 방식의 세계화에 대한 역사의 평가는 준엄하다. 자발성에 기초하지 않은 세계화는 많은 사람들에게 고통을 안겨주며 결코 용인되어서는 안 된다는 것이다.

21

청일전쟁,
동아시아 정세를
일시에 뒤집다

중국과 일본의 패권경쟁

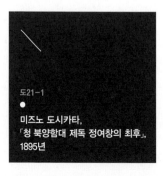

도21-1

미즈노 도시카타,
「청 북양함대 제독 정여창의 최후」,
1895년

청나라의 전통복장을 차려입은 인물이 중국풍으로 꾸며진 방에서 호랑이 가죽이 덮인 의자에 앉아 있다. 한 손에 술잔을 들고서 고개를 돌려 베란다 밖을 내다본다. 눈 덮인 나무가 겨울임을 알려준다. 멀리 바다 위에서 함선이 시커먼 연기에 휩싸여 있다. **이 그림은 어떤 역사적 상황을 묘사한 것일까? 이 그림의 주인공은 누구이며 무슨 생각을 하고 있을까?**

이 그림의 배경은 1895년 2월초이고, 주인공은 청나라의 북양함대北洋艦隊를 지휘하는 제독 정여창丁汝昌이다. 청과 일본이 동아시아의 패권을 놓고 벌였던 전투의 결과를 이 그림은 묘사한다. 청일전쟁의 격전장이었던 산둥반도의 웨이하이웨이威海衛 해전에서 청은 치욕적인 패배를 맛보았다. 아시아 최고의 전력이라고 자부하던 북양함대가 일본 해군에 참패하자 정여창은 일본군에게 항복하고 남은 전함과 군사물자를 일본에 양도해야 했다.

굴욕을 참기 어려웠던 그는 집무실로 돌아와 패전의 치욕에 몸서리치며 독배를 마시고 죽는다. 몇몇 부하 장군들도 뒤따라 죽음을 택했다. 이 우키요에浮世繪는 정여창이 독배를 마시기 직전에 불타는 자신의 함선을 마지막으로 돌아다보는 장면을 묘사했다. 일본의 화가 미즈노 도시카타水野年方가 제작한 이 그림에는 비장한 기운이 가득하다. 일본으로 귀화하라는 유혹을 뿌리치고 죽음을 택한 적장에 대해 화가가 나름의 경의를 표한 것이리라. 「청 북양함대 제독 정여창의 최후」는 일본 전통 목판화인 우키요에의 형식을 빌렸다. 우키요에는 서양에서 들어온 인쇄술에 밀려 고전하다가 이 시기를 전후해서 일시적으로 인기가 부활하는 중이었다.

미즈노와 달리 대부분의 일본 화가들은 청나라를 지극히 부정적으로 묘사했다. 적국을 조롱과 멸시의 대상으로 삼는 것은 당연했다. 「전기충격을 당한 만주인」도21-2은 같은 해에 고바야시 기요치카小林清親가 잡지에 실은 만평이다. 당시 일본에서는 서구로부터 소개된 전기가 한창 보급되고 있었다. 전력회사들이 앞다투어 설립되면서 전기의 놀라운 특성이 알려지던 시기였다. 한반도에서 최초의 전력회사인 한성전기회사가 설립되기 3년 전이었다. 화가는 서구 기술문명의 상징처럼 여겨졌던 전기를 그림에 재치 있게 활용했다. 말을 타고 칼을 든 모습을 한 청의 관리가 전기충격을 받는 모습을 표현한 것이다.

청이 받은 충격은 실제로 대단했다. 일본이 1867년 메이지유신 이후 서구의 기술과 제도를 빠르게 도입해왔고, 군사력을 키워 동아시아

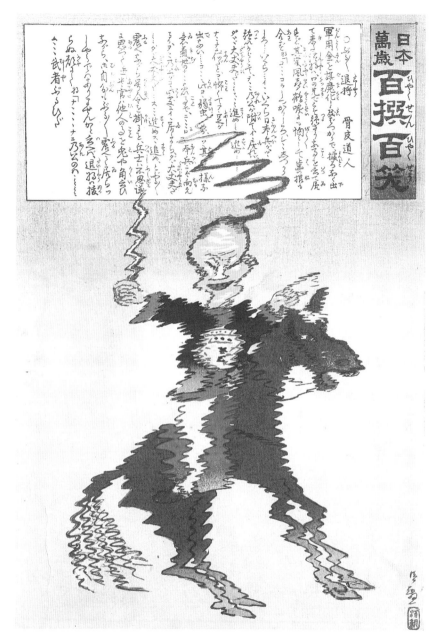

도21-2 고바야시 기요치카, 「전기충격을 당한 만주인」, 『일본만세 백찬백소(日本萬歳 百撰百笑)』, 1895년

패권국가로서의 청의 지위를 흔들어 온 사실을 모르는 바 아니었다. 청은 이미 1870년대에 류큐(오키나와)와 타이완 일부에서 일본에게 통제력을 넘겨준 상황이었다. 그러나 한반도에서는 우위를 잃지 않았다고 자부하던 터였다. 1882년 임오군란과 1884년 갑신정변에서 조선 정치에 깊이 개입함으로써 자국의 지배력을 가시적으로 확인했던 것이다. 하지만 불과 10년 후 조선에서 동학농민운동이 발발하면서 정세는 다시 요동쳤다. 농민운동의 확산에 위기를 느낀 고종은 청에 파병을 요청했고, 이에 대응해 일본도 군대를 파견했다. 6월부터 한반도와 주변 지역에서 전투가 벌어졌다. 아산만 앞바다, 평양, 압록강 어귀, 랴오둥반도의 뤼순旅

順, 산둥반도의 웨이하이웨이에서 일본은 연전연승했다. 이즈음 서구 열
강이 중재에 나섰다.

그 결과 청의 이홍장李鴻章과 일본의 이토 히로부미伊藤博文가 시모노
세키에서 종전협상을 하게 됐다. 왼쪽 그림도21-3은 고바야시 기요치카
가 그린 협상 장면이다. 청나라 대표 이홍장과 일행은 전통식 복장으로
참석했고, 일본 대표 이토 히로부미와 그 일행은 서구식 제복을 입고 참
석했다. 가운데에 선 미국 외교관이 회담을 중재하고 있다. 이 모습은 서
구화에 나서 군사기술과 제도의 개혁을 이룬 일본이 전통적 질서와 관습
을 고수한 중국에 우위를 보였다는 사실을 상징적으로 보여주는 듯했다.
결국 양 진영은 조약에 서명했다. 조약의 결과로 청은 일본에 배상금으
로 거액 2억 냥(3억2,000만 엔)을 지불하고, 랴오둥반도와 타이완을 일
본에 할양하고, 조선 지배권을 후퇴시켜야만 했다. 시모노세키 조약의
체결은 청의 동아시아 지배권에 치명적인 충격파가 미쳤음을 보여준 역
사적 사건이었다.

일본의 급부상에 서구 열강들은 아연 긴장했다. 동아시아에 눈독을
들이고 있던 러시아, 프랑스, 독일 세 나라는 힘을 합쳐 일본을 압박하기
로 결정했다. 그들은 서해에 함대를 집결시켜 놓고서 일본에게 랴오둥반
도의 영유권을 청에게 반환하라고 요구했다. 이 '삼국간섭'에 대항할 만
한 힘을 갖추지 못했던 일본은 하는 수 없이 이 요구를 수용해야 했다.
그러나 세 국가가 힘을 모아 일본을 압박했다는 사실은 일본이 이제 만
만치 않은 세력이 되었음을 보여주는 것이기도 했다. 특히 러시아는 동

도21-4 앙리 마이어, 「중국, 왕과 황제들의 파이」, 「르 프티 주르날」, 1898년

아시아 패권을 놓고 머지않아 일본과 최종 승부를 겨루게 될 것임을 깨닫게 되었다.

청일전쟁을 계기로 청과 일본의 위상은 완전히 달라졌다. 청은 열강의 손에 자국의 이권들을 하나둘씩 빼앗기면서 망국의 그림자가 짙게 드리워졌다. 이와 반대로 일본은 산업화와 군사화에 박차를 가하면서 주변국에 대한 지배력을 더한층 강화시켜 갔다. 프랑스의 『르 프티 주르날 Le Petit Journal』에 실린 만평 「중국, 왕과 황제들의 파이」도21-4는 1898년의 상황을 잘 보여준다.

청나라 관리가 두 손을 번쩍 들고서 분노에 찬 표정을 지으며 서 있고, 그 앞에 중국이라는 큰 파이를 둘러싸고 다섯 열강의 대표들이 앉아 있다. 맨 왼쪽에는 영국의 빅토리아 여왕이 파이의 가장 큰 몫을 차지하려는 듯 손바닥을 편 자세를 취하고 있다. 그 옆에서 빅토리아 여왕과 눈길을 부딪치고 있는 인물은 독일의 빌헬름 2세다. 그는 자오저우 만膠州灣 지역에 칼을 박았다. 1897년에 독일은 자국 선교사가 살해된 사건을 핑계 삼아 산둥반도 남쪽의 자오저우 만을 무력으로 점령하고서 이듬해에 청으로부터 99년간의 조차권을 얻어냈다. 칭다오靑島가 포함된 지역이다. 다음으로 러시아의 니콜라이 2세가 앉아 있다. 그 뒤로 프랑스의 상징인 마리안이 유일하게 칼을 들지 않은 모습으로 등장한다. 니콜라이 2세의 어깨에 손을 올려놓은 모습이 1894년 프랑스와 러시아 간에 체결한 동맹을 상기시켜 준다. 마지막으로 일본의 사무라이가 칼을 내려놓고 턱을 손에 괸 채 파이를 뚫어지게 바라보고 있다. 그의 시선은 니콜라이

2세 앞에 있는 아서 항Port Arthur이라고 적힌 파이 조각에 꽂혀 있다. 아서 항은 뤼순항의 별칭으로, 러시아가 일원으로 참여한 삼국간섭으로 인해 일본이 아쉬움을 뒤로하고 청에 반환을 해야만 했던 랴오둥반도의 항구도시다. 사무라이의 눈초리에서 이 땅에 대한 짙은 아쉬움과 소유욕이 동시에 묻어난다.

청일전쟁은 동아시아의 정치·경제·군사적 중심축을 중국에서 일본으로 이동시킨 중대한 역사적 전환점이었다. 청에서는 이미 아편전쟁(1840~42)과 태평천국 봉기(1851~62)를 계기로 서양의 군사기술을 도입하자는 목소리가 높아졌다. 이홍장과 같은 관료들은 중국 전통의 가치를 유지한 채 서양 문물만을 도입해 부국강병을 이루자는 양무운동洋務運動을 전개했다. 이런 전략에 따라 군수산업이 육성되고 직물업, 교통업, 광업에 투자가 이루어졌다. 그러나 양무파 관료들이 중앙권력을 차지하지 못한 채 분열된 상태로 각자 개혁을 추진한 까닭에 운동의 효과가 크지 못했다. 이런 약점은 청일전쟁에서 패배하는 결과로 나타났다. 일본이 중앙집권적 체제를 정비하고 서구의 군사기술을 체계적으로 도입해 군대를 성공적으로 근대화했던 것에 비해 중국의 성과는 미미했던 것이다.

패전 이후 청에서는 변화의 바람이 불었다. 서구문물의 도입만으로는 불충분하며, 정치, 교육, 사회제도의 전면적 개혁이 함께 이루어져야 한다는 변법자강운동變法自彊運動이 등장했다. 그러나 이 움직임도 충분치 못해 결국 청은 몰락의 길에서 벗어나지 못하게 된다. 한편 타이완은 시

도21-5 「한국의 닭싸움—갈색 곰: '하! 누가 이기든 내 저녁거리가 될 거야!'」, 「펀치」, 1894년

모노세키 조약에서 일본에 주권을 넘기도록 결정되었다. 이에 타이완 인들은 일본에 할양되는 것을 거부하고 저항했지만 끝내 일본에 의해 점령을 당해 식민지화되고 말았다.

　일본은 거액의 배상금과 할양받은 영토를 이용하여 금융제도를 정비하고 중공업을 육성하고 군비 확충에 가속도를 냈다. 앞으로 일본이 신흥 강자 러시아와 승부를 벌이기 위해 반드시 필요한 조치였다. 일본으로서는 러시아를 꺾어야만 조선을 식민지화하고 이어서 만주와 중국으로 발을 뻗을 수 있었다. 그러나 러시아는 만만한 상대가 아니었다. 영국의 시사 잡지 『펀치』에 실린 만평도21-5은 한반도를 둘러싼 열강의 겨루기를 동물에 빗대어 그린 것이다. 청일전쟁이 발발한 직후에 발표된 이 그림에서 몸집이 큰 중국 닭과 사무라이 갑옷을 입은 일본 닭이 서로를 노려보고 있다. 이 일촉즉발의 상황을 느긋하게 바라보고 있는 동물은 러시아를 상징하는 갈색 곰이다. 중국과 일본 가운데 어느 국가가 승리하든, 결국은 자신의 먹이가 될 것이라 상상하며 침을 흘리고 있다.

　우리나라의 상황은 점차 헤어나기 힘든 소용돌이로 빠져들었다. 청일전쟁으로 일본이 청에 대한 우세를 보였으나, 곧이어 삼국간섭이 발생하면서 조정은 러시아의 잠재력을 다시 평가하게 됐다. 그리하여 친러파가 새로이 등장했다. 이에 위협을 느낀 일본이 명성황후를 시해함으로써 다시 한반도의 저울의 추는 일본 쪽으로 기울게 되었다.

　제국주의 시대, 즉 강제적 세계화의 시대인 19세기 말에서 20세기 초에 한반도를 배경으로 쇠락해 가는 청, 기세를 올리고 있는 일본, 새로

부상하는 러시아의 세 나라 간에 피 말리는 두뇌싸움과 힘겨루기가 우리 뜻과 무관하게 펼쳐지고 있었다.

V

세계대전과
자본주의의 황금기

———

주춤한 세계화,
앞으로의 세계

차량 통행방향에서 표준화의 세계사를 읽다

힘의 논리와 표준 경쟁

도22-1

●
작자 미상,
「우편마차의 조우—'굿 나이트'」,
1830년대 해럴드 E 맬릿,
『길의 기록(Annals of the Road)』
(런던, 1876)에 실린 삽화

사지선다형 문제를 풀어보자. 어두운 밤길을 두 대의 마차가 교차해 지나가고 있다. 각각 네 마리의 말이 끄는 마차들이 그다지 밝지 않은 등불에 의지해서 달려가고 있다. 이 그림이 제작된 시점은 19세기 초반 혹은 중반으로 추정된다. **이 그림은 다음 중 어느 나라의 모습을 묘사한 것일까? 보기 ① 영국 ② 폴란드 ③ 네덜란드 ④ 스페인**

정답은 ① 영국이다. 그림을 자세히 보면, 우선 두 마차의 형태가 동일하다는 것을 알 수 있다. 검은색 차체에 갈색 문이 달려 있고 바퀴는 붉은색이다. 문짝에 엠블럼이 찍혀 있고, 차체에 차량번호가 적혀 있다. 역사학자라면 영국의 우편마차 회사인 '로열메일Royal Mail' 소속 마차임을 알 수 있을 것이다. 그러나 역사가가 아닌 일반인도 정답을 알 수 있게 해주는 중요한 힌트가 있다. 그리고 이것이 우리의 관심 주제다. 바로 마차가 길의 왼편으로 달리고 있다는 사실이다. 지금도 마찬가지지만 보기의 나라들 가운데 당시에 좌측통행을 하던 곳은 영국뿐이다.

오늘날 세계 인구의 35퍼센트는 영국처럼 차량이 좌측운행을 하는 국가에 살고 있고 65퍼센트는 우측통행 국가에 살고 있다. 어떤 연유로 각 국가들은 나름의 통행 방향을 갖게 되었을까? 역사적으로 멀리 거슬러 올라가보자면 좌측통행의 흔적이 상대적으로 많이 발견된다. 그리스, 이집트, 로마에서 마차가 좌측통행을 하도록 규정한 기록들이 남아 있다. 구체적인 이유는 정확히 알기 어렵다. 오른손잡이가 왼손잡이보다 많으므로, 통상 고삐를 왼손에 쥐고 오른손을 자유롭게 두거나 채찍을 쓸 수 있게 하는 것이 자연스러웠다는 주장이 있다. 오른손으로는 유사시에 무기를 쥐어야 했기 때문에 좌측통행이 유리했을 것이라는 설명도 있다. 그 밖에도 다양한 가설이 존재하지만 대부분 추측 이상으로 나아가지는 못한다. 모든 지역에서 동일한 이유로 좌측통행이 자리를 잡았다고 볼 근거도 없다. 또 동일한 국가에서 좌측통행과 우측통행이 지역별로 공존한 사례도 많다. 역사적 사례도 늘 한쪽으로 통일되어 있지는 않다. 영국 남부 스윈든 부근에서 발견된 로마시대의 도로에서는 길의 좌측이 우측보다 더 낮게 패인 흔적이 발견되었다. 좌측통행을 했다는 유력한 증거다. 하지만 같은 로마시대이면서도 터키에서는 우측통행의 자취가 발견되기도 했다.

이제 다음 질문을 던지기로 한다. 앞의 그림도22-1과 관련해서 제시된 보기 가운데 영국을 제외한 세 나라의 공통점은 무엇일까? 어떤 이유로 이 나라들은 모두 우측통행을 했던 것일까? 정답은 18세기 말에서

도22-2 카미유 피사로, 「몽마르트르 거리, 봄」, 1897년

19세기 초 유럽의 상황과 관련이 깊다. 바로 프랑스혁명과 나폴레옹전쟁 이야기다. 혁명이 소용돌이에 빠져 있던 1792년, 프랑스 정부는 도로 통행 방향을 우측으로 통일하는 칙령을 제정했다. 왜 우측통행을 택했는지는 정확히 알기 어렵다. 어쨌든 혁명은 계속되었고, 혁명의 폭풍이 자국에 전파될 것을 우려한 주변 군주국들은 연합군을 형성해 나폴레옹이

이끄는 프랑스군과 치열한 전쟁을 벌였다. 나폴레옹의 군대는 유럽 곳곳에서 연이어 승전고를 울렸다. 그 결과 유럽 전역이 프랑스의 지배하에 놓이게 되었다. 어디를 가나 나폴레옹 군대는 우측통행을 했고 휴식을 취할 때에도 도로 우측을 사용했다. 점령지의 주민들은 이에 따라 우측통행을 할 수밖에 없었다.

「몽마르트르 거리, 봄」^{도22-2}은 프랑스의 화가 카미유 피사로_{Camille Pisarro, 1830~1903}가 그린 파리 시내의 풍경이다. 봄날의 햇살 속에 연초록 가로수가 싱그러운 느낌을 전해주는 작품이다. 잘 정돈된 몽마르트르 거리 양쪽으로 마차들이 줄을 지어 오간다. 모든 마차들이 우측으로 통행하고 있다. 19세기 말에도 1세기 전에 만들어진 우측통행이 여전히 질서 있게 통용되고 있음을 확인할 수 있다.

우측통행보다 프랑스가 세계사에 더 진하게 남긴 흔적은 도량형이었다. 인류의 역사 초기부터 사물의 길이, 무게, 부피를 어떤 단위로 측량할 것인지, 그리고 사물의 구체적 크기를 어떻게 정할 것인지는 중요한 문제였다. 창이 얼마나 긴지, 땅이 얼마나 넓은지, 식량이 얼마나 생산되는지 사람들 간에 통일된 기준이 있어야 했기 때문이다. 사회조직이 확대되고 문명을 이루어 대제국이 만들어지면 통일된 측정기준을 갖는 게 더욱 중요해졌다. 가장 초보적인 단위는 인간의 신체 일부를 기준으로 삼았다. 레오나르도 다 빈치가 그린 유명한 「비트루비우스 인간 _{Vitruvian Man}」^{도22-3}의 인체도를 놓고 이야기해 보자. 1인치는 엄지손가락의 길이다. 1피트는 발의 길이이고, 1야드는 몸의 중심에서 손끝까지의

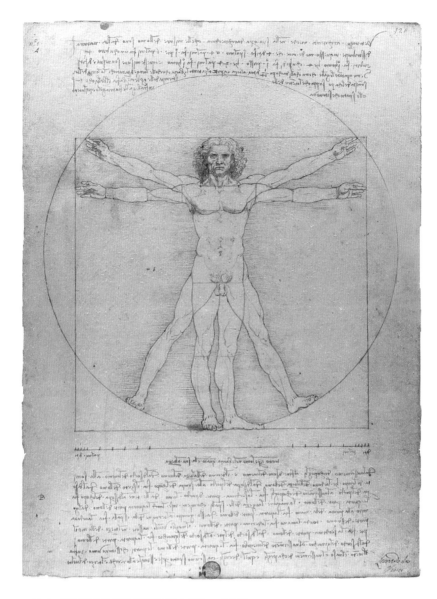

도22-3 레오나르도 다 빈치, 「비트루비우스 인간」, 1487년경

거리로 세 발, 즉 3피트에 해당한다. 팔꿈치에서 손끝까지의 거리는 1큐빗이라고 하는데, 1야드의 절반에 해당한다. 그러나 이런 초보적 방식으로는 정확도에 한계가 있었으므로 사람들은 특정한 길이의 막대기를 쓰기 시작했다. 부피나 무게는 애초에 인체를 기준으로 측량하기 어려웠으므로 특정 크기의 용기나 저울추를 기준으로 정했다. 그러나 이 기준들은 지역마다 차이가 있었고 의도적으로 잘못된 기준을 이용해 이득을 보려는 자들이 어느 사회에나 존재했다. 단위들 간의 관계도 일률적이지 않았으므로 계산하기 불편했다. 국가마다 이 문제를 해결하려고 갖은 노력을 다했지만 궁극적 해결의 실마리는 찾기 어려웠다.

18세기까지도 각국은 나름의 측정단위를 사용해 왔다. 그런데 지역 간에 교역과 교류가 늘어나면서 도량형을 널리 통일시키는 사업이 중요해졌다. 프랑스도 마찬가지여서 도량형의 지역적 격차가 크다는 국민적 불만이 높았다. 통일된 도량형 없이는 시장이 건전하게 발달하기 어렵고 국가가 조세를 징수하는 데에도 장애가 많았다. 프랑스 정부와 지식인들은 이런 사정을 잘 알고 있었다. 대혁명이 진행되던 1791년 보르다 Borda, 콩도르세 Condorcet, 라플라스 Laplace, 라그랑제 Lagrange, 라부아지에 Lavoisier 등 당대의 석학들이 도량형위원회를 구성했다. 이들은 특정한 국가나 문화와 무관하게 인류가 공통으로 받아들일 수 있는 '객관적'이고 '과학적'인 기준을 정하고자 했다. 이 위원회에서의 논의가 기초가 되어 1795년에 오늘날 우리에게 친숙한 미터법이 제정되었다. 지구 자오선의 4,000만 분의 1을 1미터로 삼았고, 물 1,000세제곱센티미터의 섭

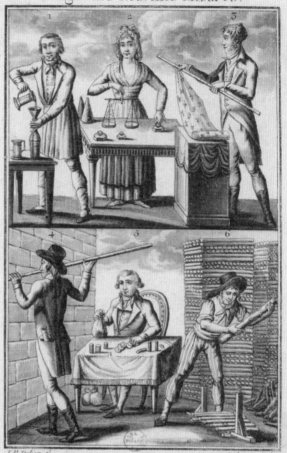

도22-4 **미터법의 내용을 보여주는 그림, 1800년**
차례로 ① 부피(액체), ② 질량, ③ 길이, ④ 넓이, ⑤ 가치, ⑥ 부피(고체)

씨 4도 때 무게를 1킬로그램으로 채택했다. 그리고 십진법에 입각해 보조단위들이 결정되었다. 계몽주의 선도국가, 과학 선진국의 이미지를 한껏 보여주는 도량형이었다. 새 도량형은 1800년부터 사용되었다.

앞의 그림도22-4은 새 도량형의 탄생을 보여주는 그림이다. 번호에 따라 차례로 ① 부피(액체, 리터), ② 질량(그램), ③ 길이(미터), ④ 넓이(아르), ⑤ 가치(프랑), ⑥ 부피(고체, 스테르)와 관련된 작업을 보여준다. 중요한 점은 나폴레옹의 유럽 지배를 계기로 새 제도가 유럽 전역으로 전파되었다는 사실이다. 나폴레옹 민법전이 근대사회의 새로운 질서를 담았다면, 미터법은 근대 세계를 양적으로 이해하는 새로운 방법을 담았다. "정복은 있다가도 없지만, 〔미터법〕은 영원할 것"이라는 나폴레옹의 찬사는 참으로 적절한 것이었다. 프랑스의 도량형은 전 세계로 확산됐다. 1875년에는 파리에서 국제도량형국BIPM이 설립되었다. 측량법을 세계적으로 통일시키는 것이 주된 목적인 기관이다. 여기서 전통적 측량단위 이외에 시간, 전류, 온도, 광도, 방사능 등 다양한 종류를 측정하는 기준을 마련했다. 20세기에 들어서도 측량기준을 정하는 과업은 계속 진화하게 된다. 오늘날 길이 1미터는 어떻게 정의될까? 1983년에 정해진 새 기준에 따르면 1미터는 '빛이 진공에서 299,792,458분의 1초 동안 진행한 거리'다.

차량의 통행 방향 이야기로 돌아가보자. 프랑스에서 혁명적인 미터법이 등장하던 시기에 우연스럽게도 대서양 건너 미국에서 운행 방향에 관해 새로운 변화가 일어났다. 미국에서는 대량운송의 필요성이 커짐에 따라 큰 마차에 화물을 실어 여러 마리의 말이 끌게 하는 방식이 확산되었다. 그런데 이런 화물마차에는 마부가 앉은 자리가 따로 마련되어 있지 않았다. 마부는 주로 오른손잡이였으므로 가장 뒤편에 선 왼쪽 말에 타는 게 일반적이었다. 이런 관습이 퍼지면서 우측통행이 보편화되어갔다.

19세기까지만 해도 운행 방향이 나라마다 다르다는 점이 큰 문제가 되지 않았다. 그러나 국경을 넘는 승객과 화물이 많아지면서, 그리고 혁신적 교통수단인 자동차가 등장하면서 상황이 크게 바뀌었다. 이에 따라 20세기 전반에 일부 국가들은 차량의 통행 방향을 바꾸는 정책을 실시했다. 한편 과거 열강의 식민지였던 국가들은 제국의 통행제도를 그대로 사용했는데, 제2차 세계대전 후 탈식민지화의 과정에서 변화를 겪기도 했다. 대표적으로 우리나라는 일제 강점기에 좌측통행을 채택했으나, 해방 후 미국과 소련의 영향 하에 남북한 모두 좌측통행을 버리고 우측통행을 받아들였다. 필리핀과 타이완도 독립과 더불어 우측통행을 택했다.

20세기 중반 이후에도 통행 방향에 대한 논의가 이어졌다. 가장 화끈한 전환은 1960년대 스웨덴에서 전개됐다. 스웨덴은 과거 좌측통행을 해왔는데, 자동차 시대에 점차 불편함이 커졌다. 대부분의 유럽 국가들은 물론 인접한 노르웨이와 핀란드가 이미 우측통행을 실시하고 있었던 것이다. 국민투표와 입법운동이 진행되었고, 마침내 1967년 9월 3일 일요일 새벽 5시를 기해 전면적으로 우측통행을 실시하기로 결정되었다. 사진도22-5은 이 역사적인 날 아침 스톡홀름의 거리 모습을 보여준다. 중앙선을 넘어 위치를 바꾸려는 차량들과 사람들이 뒤섞여 무척이나 혼잡

도22-5 스톡홀름의 거리 풍경, 1967년 9월 3일

한 모습이다. 갑작스런 변화로 교통사고가 많이 발생하지는 않았을까? 신기하게도 사고율은 높아지지 않았다고 한다. 일시적으로 통행속도를 낮춘 게 어느 정도 도움이 됐을 것이다.

드넓은 영역을 단일한 질서로 통일하기 위해서는 표준화가 필수적이다. 과거에는 제국을 효과적으로 통치하기 위해 필요했고, 교역과 교류가 활발해진 오늘날에는 세계화된 세상을 선도하기 위해 필요하다. 중국 대륙을 최초로 통일한 진시황이 가장 중요시한 일도 '거동궤車同軌 서동문書同文 행동륜行同倫', 즉 수레바퀴의 규격을 통일하고, 글 쓰는 한자를 통일하고, 행동에 있어 윤리를 통일하는 것이었다. 표준화야말로 세상을 원하는 형태로 만들어가는 핵심 작업이다. 오늘날 우리가 무의식적으로 받아들이는 좌·우측통행에도 세계사의 과정에서 발현되었던 힘의 논리가 감추어져 있다.

자유방임,
극단화, 뉴딜 중
무엇을
택할 것인가?

대공황과 자국우선주의 전략

도23-1
●
알프레도 크리미,
「우편 운송」,
워싱턴DC 소재 애리얼 리오스
연방 빌딩 벽화, 1937년

사람들이 분주하게 일하고 있다. 어린 소녀가 편지를 우편집배원에게 전달하고, 이를 자전거를 탄 집배원이 지켜보고 있다. 오른쪽에는 상자를 카트에 싣는 인부들이 보인다. 뒤쪽으로는 화물을 옮기는 이들이 있고 짐마차를 운전하는 이도 보인다. 그 뒤로는 기차가 지나가고 있다. **다양한 운송수단을 이용하여 우편물을 나르기에 바쁜 사람들을 묘사한 이 그림은 어느 시대를 배경으로 한 것일까? 또 얼마나 현실의 경제상황을 잘 묘사하고 있을까?**

이 그림은 알프레도 크리미Alfredo Crimi, 1900~94라는 미국 화가의 작품으로, 우편물을 옮기느라 분주한 거리의 풍경을 담고 있다. 그런데 이 풍경은 현실과는 거리가 멀었다. 그림이 제작된 해는 1937년, 미국이 대공황의 깊은 그늘에서 벗어나지 못하고 있던 때다. 수많은 사람들이 일자리를 찾지 못해 굶주리고 허덕이던 시기였다. 이 그림은 화가가 실제 관찰한 현실이 아니라 마음 깊이 희구하는 '완전고용'의 호시절을 상상해서 그린 것이다.

화가가 당시에 처했던 상황을 알면 이 희망이 더욱 절절하게 느껴진다. 1929년 대공황이 발생한 이래 미술작품에 대한 수요는 급격하게 줄어들었다. 미술품이야말로 소득탄력성이 가장 큰 재화가 아닌가! 미술시장이 침체됨에 따라 수많은 화가들이 생존을 걱정해야 하는 상황에 몰렸다. 크리미도 마찬가지였다. 실업상태에 놓인 공장과 농장의 노동자들과 다를 바가 없었다.

1932년 대통령에 당선된 프랭클린 루스벨트는 이듬해부터 뉴딜New Deal 정책을 실시했다. 구제, 부흥, 개혁을 모토로 삼고 여러 정부기구를 신설하여 경제 재건정책을 이끌도록 했다. 1935년에 창설된 공공사업진흥국WPA, Works Projects Administration은 대표적인 정부기구로서 수백만 명의 실업자에게 공공 일자리를 제공하는 역할을 했다. 공공사업진흥국이 실시한 사업 중에는 연방미술프로젝트Federal Art Project라는 것도 있었다. 전국적으로 100여 개의 센터를 마련하고 곤궁에 처한 미술가들에게 유급으로 벽화, 포스터, 조각, 사진 등을 제작할 기회를 제공했다. 이 사업 덕택에 1만 명에 달하는 미술가들이 생계 걱정 없이 창작활동을 계속할 수 있었다. 총 20만 점에 이르는 작품이 이들에 의해 완성되었다. 「우편 운송」도 이 프로젝트의 일환으로 제작된 작품이었다. 만일 이런 정책이 없었더라면 훗날 20세기를 대표하는 화가로 손꼽히게 되는 위대한 예술가들이 일찍이 붓을 버렸을지도 모른다. 잭슨 폴록Jackson Pollock과 마크 로스코Mark Rothko 같은 명장들이 바로 이들이다.

「우편 운송」이 우편물을 운송하는 모습을 소재로 삼은 데에도 특별

도23-2 **록웰 켄트, 「열대의 우편 서비스」, 1937년**

한 이유가 있었다. 당시 정부는 화가들이 공공건물에 벽화를 그리도록 장려했는데 특히 정부가 소유한 많은 수의 우체국 건물들이 대상이 되었다. 이 그림은 워싱턴DC에 위치한 미국 우체부 본부 건물을 장식하기 위해 제작되었다. 대공황 시기에 제작된 벽화들 중에 유독 우편 서비스와 관련된 작품이 많았던 데에는 바로 이런 이유가 숨어 있었다

　「열대의 우편 서비스」도23-2도 우편 업무를 주제로 한 벽화다. 록웰 켄트Rockwell Kent, 1882~1971가 그린 이 작품은 파란색 중심의 강렬한 색감이 특히 인상적이다. 그림에 등장하는 인물들이 동시대의 다른 공공벽

화들과 달리 검은 피부를 하고 있다는 점도 두드러진다. 미국의 우편비행기가 멀리 푸에르토리코 주민들에게까지 우편물을 전달해준다는 것이 그림의 기본 주제다. 그런데 이 그림에는 한 가지 특별한 부분이 있다. 머리에 천을 두른 여성이 전달받고 있는 편지에 낯선 문자로 몇 줄의 글이 적혀 있다. 이 글은 알래스카의 한 사투리로 작성된 것으로, "나의 친구 푸에르토리코 인들이여! 나서라. 족장을 바꿔라. 그래야만 우리는 평등해지고 자유로워질 수 있다"라는 내용이다.

당시 미국이 총독을 파견해 지배하고 있던 푸에르토리코에서는 민족주의적 저항운동이 전개되고 있었다. 수십 명의 시위대가 공격을 받아 사망하는 유혈사태까지 발생했다. 이에 켄트는 저항에 대한 지지의 메시지를 그림에 담기로 결심했던 것이다. 그림 속 편지의 내용이 알려지자 미국에서는 뜨거운 논쟁이 일어났다. 그림에 대한 비난이 쏟아졌다. 예술을 빙자한 정치적 선전물이라는 비판도 있었고, 흑인만을 그려 넣어 자국 이미지를 실추시켰다는 푸에르토리코 측의 인종주의적 공격도 있었으며, 미국의 우편 서비스가 멀고먼 지역까지 이뤄지고 있음을 찬양하는 메시지로 바꿔야 한다는 주장도 나왔다. 사상적 검열이 아니냐는 역비판이 제기되면서 논쟁은 더욱 격렬해졌다. 결국 그림은 아무런 수정이 이뤄지지 않은 채 원형 그대로 남게 됐다. 당시 공공벽화들은 실업정책의 일환으로 제작되었지만 작가들은 공들여 작품을 제작했고 이렇게 제작된 벽화들 중에는 사회적으로 뜨거운 이슈가 된 작품도 있었다.

대공황은 미국만의 문제가 아니라 대다수 국가들이 직면한 문제였다. 미국에서 뉴딜 정책이 대공황을 극복하기 위해 실시되었다는 점은 두말할 나위가 없다. 글로벌한 경제위기를 돌파하기 위해 각국은 어떤 정책에 집중했을까? 당시에는 경제 문제를 국제적으로 조율하는 공조체제가 전혀 갖춰져 있지 않았다. 열강들은 자국이 보유한 식민지와 보호령을 묶어 폐쇄적인 블록경제를 강화했다. 그리고 자국우선주의 입장에서 위기 타개책을 고민했다. 영국은 대공황 이전부터 이미 경제가 침체했는데, 대공황에 대해서도 적극적인 극복 방안을 마련하지 못했다. 경제학자 케인스가 공공근로정책을 주장했지만, 정부는 적자재정에 대한 반감이 커서 이를 받아들이지 않았다. 결국 전통적인 자유방임주의와 절연하지 못한 채 무기력한 모습으로 일관했다. 한편 프랑스에서는 새로 인민전선 정부가 집권했는데, 무능력하게도 경기회복에 역행하는 정책들을 펼쳤다.

다른 국가들은 더욱 극단적인 선택을 했다. 독일에서는 1933년 나치 정권이 들어서서 자유주의적 요소를 제거한 자본주의 체제를 구축했다. 정부가 경제활동 전반을 강력하게 통제했으며, 1935년부터는 군비 증강에 국가의 자원을 집중했다. 독일에 히틀러가 있었다면 이탈리아에는 무솔리니가 있었다. 무솔리니의 파시스트 정권도 나치가 그랬던 것처럼 구세력의 묵인하에 권력을 잡았다. 국가가 국민생활 전반에 걸쳐 강력한 장악력을 보인 점도, 호전적 태도로 군비 증강에 몰두한 점도 모두 독일과 유사했다. 일본도 민주적 체제와는 거리가 멀어진 채 군국주의의 길로 나아갔다. 만주사변과 중일전쟁으로 이어지는 일본의 침략정책은

도23-3 미국 전쟁생산위원회, 「그들이 우리를 보고 있다… 많이!」, 1942~43년

유럽에서와 마찬가지로 제2차 세계대전의 서막에 해당했다. 제2차 세계 대전 중에 미국의 전쟁생산위원회War Production Board가 제작하여 배포한 선전 포스터도23-3를 보자. 추축국의 지도자들인 히틀러, 무솔리니, 히로 히토를 한데 묶은 캐리커처 작품이다. 세 인물은 전쟁에서 동맹관계를 유지했을 뿐만 아니라 유사한 성격의 정부를 이끌었다는 공통점을 지녔 다. 포스터는 적들이 지켜보고 있으니 모두 열심히 일해 생산을 늘리자 는 메시지를 담고 있다.

대공황 시대에 가장 주목할 만한 경제성장을 보인 국가는 소련이었 다. 레닌이 죽은 후 집권한 스탈린은 1928년 5개년 계획을 발표하고 계 획경제적인 발전을 도모했다. 1930년대를 통해 사회기간망에 대한 투자 가 확대되고 생산이 증가했다. 서구 국가들이 대공황의 수렁에서 허우적 거리던 시기였으므로 소련이 보여준 성과는 더욱 대단해 보였다. 다음 그림도23-4은 이를 체제 선전에 이용하기 위해 소련의 드니 돌고루코프 Deni Dolgorukov가 제작한 포스터다. 스탈린이 5개년 계획을 발표하자 서 구 자본가가 '환상, 거짓말, 유토피아'라고 비웃는다. 그러나 곧 공장과 댐이 건설되고 생산이 증가하자 자본가는 충격을 받아 얼굴이 잿빛이 된 채 울상을 짓게 된다는 내용이다. 서구의 인물들 중에도 소련의 경제성 과에 깊은 인상을 받은 이들이 있었다. 대표적으로 아일랜드 출신이 저 명한 극작가이자 비평가인 조지 버나드 쇼George Bernard Shaw는 1931년 소련을 방문한 후 미국의 한 라디오를 통해 심신이 건강한 청년들은 소 련으로 가서 일자리를 찾으라는 강연을 했다.

도23-4 드니 돌고루코프, 「1928년, 5개년 계획」, 1933년

겉보기에 번드르르했던 소련의 경제 성적표의 내면에는 사실 어두운 실상이 도사리고 있었다. 스탈린은 경제개발에 필요한 노동력을 소련 여러 지역으로부터 강제로 이송시킨 인구에 의존했다. 낯선 곳에 끌려온 이주민들은 열악한 수용소에 머물면서 강제노역에 종사해야 했다. 연해주 지방에 거주하던 수십만 명의 한인들이 1937년에 소수민족에 대한 차별적 정책의 일환으로 중앙아시아로 끌려가게 된 것도 이런 맥락에서였다. 자원과 인력의 강제 동원과 가혹한 착취는 단기적으로는 경제성장률을 높일 수 있었지만, 장기적으로는 한계가 명확할 수밖에 없었다.

이제 미국의 뉴딜로 돌아가보자. 뉴딜에 대해 어떤 역사적 평가를 내릴 수 있을까? 대중은 뉴딜이 실업과 경기침체에서 미국 경제를 구출한 일등공신이라고 평가하곤 한다. 그러나 대다수의 경제사학자들은 뉴딜이 좋은 경제정책이었다고 보지 않는다. 뉴딜 정책들이 임기응변적이고 일관성이 부족했다는 것이다. 단기간에 마련된 정책들은 서로 충돌하기 일쑤였고 쏟아 부은 자금 규모에 비해 경기회복은 변변치 않았다. 예를 들어 정부가 독점금지법을 일시적으로 정지시켰는데 이는 과잉 설비를 가진 구식 산업들에게 구조조정을 미룰 빌미를 제공했다. 농업생산 제한 조치는 농산물 가격을 지지하기 위해 고안되었지만, 소작농들은 경지에서 쫓겨나 실업자로 전락했다. 존 스타인벡 John Steinbeck의 소설 『분노의 쏘노』는 고향을 떠나 멀리 캘리쏘니아로 이수에 나설 수밖에 없었던 '오우키'(오클라호마 사람)의 비참한 모습을 보여준다. 그들의 곤궁함은 바로 이 시대를 배경으로 했다.

도23-5 도로시아 랭, 「이민자 엄마」, 1936년

이주 농민의 모습을 촬영한 사진 가운데 가장 유명한 것이 「이민자 엄마」도23-5라는 제목으로 알려진 도로시아 랭Dorothea Lange, 1895~1965의 작품이다. 콩 수확 작업이 벌어지고 있는 캘리포니아의 한 농장을 배경으로 촬영된 이 사진에는 네 명의 인물이 등장한다. 두 아이는 엄마에게 지친 머리를 기대고 있고 어린 아기는 엄마 품에서 잠들어 있다. 사진 속 엄마는 현실에서 일곱 명의 아이를 둔 플로렌스 톰슨이라는 사람이다. 그녀의 표정은 고난스런 상황을 간명하게 보여줌과 동시에 그래도 희망을 잃어서는 안 된다는 의지도 함께 보여준다. 미국 정부가 뉴딜 정책의 일환으로 설립한 농장안전국FSA, Food Security Administration은 1935년부터 사진가들을 고용해 대공황의 현실을 촬영하도록 했는데, 랭도 이렇게 고용된 사진가였다. 그녀의 세심한 카메라워크를 통해 1930년대의 사회상을 상징하는 걸작이 탄생했다.

뉴딜 정책은 완전히 실패한 정책일까? 이런 평가는 지나치게 가혹하다. 경기회복의 동력을 제대로 만들어내지 못한 국가들이나 극좌나 극우로 극단적인 선택을 한 국가들과 비교한다면 미국의 성과는 그럭저럭 괜찮았다고 평가할 만하다. 당시는 끝 모르는 경제위기로 중산층이 무너지고 서민층이 빈곤에 처해 사회질서가 위협받는 상황이었다. 뉴딜이 빠른 경기회복을 가져오지 못한 것은 사실이다. 그러나 당시는 세계화가 전면적인 후퇴기를 맞은 시절이었고, 국제적 공조를 통한 경기회복도 기대할 수 없던 시절이었다. 각자도생各自圖生의 험난한 여건에서, 뉴딜은 경기회복기가 도래할 때까지 사회 구성원들이 민주적 사회기반을 무너뜨리지 않으면서 어떻게든 고된 시절을 버텨갈 수 있도록 한 나름의 대타협이었다. 그런 면에서 뉴딜은 최선은 아니지만 차선의 정책이었다고 볼 수 있을 것이다.

세계 경제 황금기에
'자판기' 경제학이
각광받다

케인스 경제학

도24-1

기계를 시연하고 있는 필립스,
1958~1967년

양복 차림의 남성이 기계장치를 시연해 보이고 있다. 기계장치에는 색깔이 다른 물이 들어차 있는 수조가 몇 개 있고, 여러 개의 파이프가 이들을 연결하고 있다. 마치 소비자의 취향에 맞춰 음료를 제조해내는 자동판매기의 내부처럼 보인다. **이 기계의 정체는 무엇일까? 그리고 기계를 시연하고 있는 인물은 누구일까?**

이 사진은 상업적 목적의 기계장치를 설명하는 모습이 아니다. 이 사진은 영국 런던정경대LSE에서 경제학 강연이 진행되는 광경이다. 사진 속의 인물은 빌 필립스A. W. "Bill" Phillips라는 경제학자로, 실업률과 명목임금변화율이 단기적으로 역관계를 보여준다는 이른바 '필립스 곡선'으로 경제학 교재에 등장하는 사람이다. 그가 시연하는 기계장치는 '필립스 기계Phillips Machine'라고 부르는 것으로, 20세기 가장 영향력 있는 경제학자로 손꼽히는 존 메이너드 케인스John Maynard Keynes, 1883~1946의 경제이론과 깊은 관련이 있다.

우선 케인스와 필립스가 활약했던 시대에 대해 살펴보자. 20세기 전반에 인류는 두 차례에 걸친 세계대전과 전례 없는 대공황으로 인해 고달프고 거친 시절을 경험했다. 전쟁, 학살, 빈곤, 실업, 억압, 불안, 공포 등 어둡고 부정적인 개념들이 세상을 지배하던 시절이었다. 제2차 세계대전이 끝나갈 무렵이 되자 사람들은 자유롭고 편안한 세계가 눈앞에 펼쳐지기를 갈망했다. 이런 분위기를 잘 표현한 화가로 미국의 노먼 록웰Norman Rockwell, 1894~1978을 꼽을 수 있다. 그는 시사 잡지『새터데이 이브닝포스트Saturday Evening Post』에 수많은 표지그림을 실었는데, 특히 1943년에 발표한 '네 자유Four Freedoms' 연작이 눈길을 끈다. 록웰은 전후에 사회가 가장 시급히 달성해야 할 덕목으로 신앙의 자유, 표현의 자유, 공포로부터의 자유, 결핍으로부터의 자유를 꼽았다. 프랭클린 루스벨트 대통령의 1941년 연두교서에서 영감을 얻었다고 한다. 여기 이 그림도24-2은 그중 '결핍으로부터의 자유'를 표현한 작품이다. 크리스마스에 가족과 친지들이 모여 식사를 시작하려 한다. 인자한 표정의 주인 내외가 방금 조리된 큼직한 칠면조 구이를 내놓는다. 식탁에 놓인 다른 음식과 음료는 변변치 않다. 그러나 이 정도만으로도 사람들은 충분히 행복해 보인다. 당시 부유한 국가로 손꼽히던 미국에서조차 궁핍한 생활에서 벗어나기를 사람들이 얼마나 간절히 원했나를 느끼게 해준다.

경제 재건은 전후에 국가들이 최우선으로 신경을 써야 했던 문제였다. 그만큼 전쟁과 대공황이 남긴 상흔은 깊었다. 그런데 놀랍게도 이 시

V. 세계대전과 자본주의의 황금기

도24-2 노먼 록웰, 「결핍으로부터의 자유」, 「새터데이브닝포스트」, 1943년 3월 6일자

도24-3 켈로그 시리얼 광고, 1955년

점부터 1970년대 초반에 이르는 기간에 세계 경제는 역사적으로 유례가 없는 성장을 기록했다. 1950년에서 1973년까지 일인당 실질소득이 매년 미국에서 2.45퍼센트, 서유럽에서 4.08퍼센트, 동아시아에서 3.83퍼센트 올랐고, 일본은 무려 8.05퍼센트의 성장을 기록했다. 어느 지역이건 이 성장률은 19세기 이래 현재까지 다시 도달하기 힘든 수준이었다. 빠른 경제성장은 일자리의 증가를 낳았다.

이런 배경에서 서구 국가들을 중심으로 여성의 사회 진출이 본격화됐다. 몇 가지 혁신이 여성의 경제활동을 가능하게 만들었다. 첫째는 가전제품의 등장이다. 냉장고, 세탁기, 청소기 등이 가계노동의 부담을 크게 완화시켰다. 둘째는 피임제의 발명이다. 피임제는 가족계획을 일반화시킴으로써 여성들이 예기치 않은 임신과 출산으로 일을 중단해야 하는 사례를 획기적으로 줄였다. 간편식의 등장도 기여를 했다. 콘플레이크를 생산하는 대표적 기업 켈로그Kellogg는 이미 19세기 말에 간편식을 개발해 판매했지만 제2차 세계대전 이후 시장이 폭발적으로 성장했다. 왼쪽 그림도24-3은 1955년에 유명 잡지 『라이프』에 실린 광고물이다. 마스코트인 호랑이 토니가 등장해 설탕을 입힌 제품을 소개하고 있다. 수많은 사람들이 전통적 아침식사를 간편식으로 변경함으로써 여성이 사회참여를 할 수 있는 여력이 생겼다.

당시 경제의 성장세는 워낙 강력해서 여성 노동만으로 필요한 일자리를 다 채울 수 없는 수준이었다. 여전히 부족한 노동력은 해외로부터의 유입으로 보충한다는 전략이 등장했다. 언어와 문화에 대한 이해가 있어야 당장 고용하기에 유리했으므로, 주로 과거에 식민지였던 지역에서 인력을 받아들였다. 이런 면에서 우리나라 광부와 간호 인력이 서독으로 향한 것은 세계적으로 예외적인 사례였다.

이제 케인스에 대해 좀 더 알아보자. 그는 젊어서부터 현실 문제를 깊은 통찰로 풀어내는 데 뛰어난 재능을 보였다. 경제학을 공부하면서도 이론 자체에 빠지기보다는 이론을 현실에 어떻게 적용할 것인가에 관심이 컸다. 케인스가 경제학자이면서 동시에 역사의 핵심 분기점마다 영국을 대표하는 관료로서 활동한 것은 자연스러웠다. 우선 제1차 세계대전 후 베르사유 강화조약이 체결되자 그는 조약의 내용에 통렬한 비판을 가했다. 독일에게 지나치게 가혹한 조건은 결국 유럽의 경제 회복을 방해할 것임을 그는 꿰뚫고 있었다. 1929년 시작된 대공황은 케인스에게 기존의 경제학과는 전혀 다른 경제학의 필요성을 일깨웠다. 고전학파 경제학자들은 공급이 스스로 수요를 창출한다고 믿으면서 시장을 통한 가격기구, 즉 '보이지 않는 손'의 작용에 무한한 신뢰를 보냈다. 이와 달리 케인스는 시장이 불완전하기 때문에 공급과 수요 간에 상당 기간 괴리가 있을 수 있다고 주장했다. 정부가 적극 개입해서 이 문제를 해결해야만 경제는 건강한 상태를 회복할 수 있다고 그는 확신했다. 1936년에 발간한 『고용, 이자 및 화폐에 관한 일반이론』은 경제학의 역사에 중대한 획을 긋는 저서였다. 시사 삽화가 데이비드 로David Low, 1891~1963가 그린 캐리커처도24-4는 그 무렵 케인스의 모습을 보여준다. 소파 깊숙이 몸을 파묻은 채 사색에 잠긴 모습이다. 유연하면서도 자신만만한 인상이 묻어

도24-4 데이비드 로, 「케인스의 캐리커처」, 「스탈린-웰스 토크(Stalin-Wells Talk)」, 1934년

도24-5 IMF 각료회의장에서 만난 케인스(오른쪽)과 화이트, 1946년

나는 이 그림은 케인스의 기질을 잘 포착해낸 작품으로 손꼽힌다.

제2차 세계대전이 끝나자 케인스에게는 더 큰 과제가 맡겨졌다. 두 차례의 세계대전과 대공황을 거치면서 세계경제는 파탄을 맞았다. 금본위제라는 공통의 통화제도는 무너졌고, 각국은 경제위기에서 탈출하기 위해 자국우선주의에 매달렸고, 각자의 식민지와 보호령을 묶어 만든 폐쇄적인 블록경제에 매몰되었다. 개방과 협력의 세계 체제와는 거리가 먼 세계화의 후퇴 국면이었다. 이런 전철을 다시는 밟지 않기 위해서 전후 세계경제질서의 기본 틀을 마련하는 게 절실했다. 케인스는 영국 대표로서 미국 재무차관 해리 화이트Harry D. White와의 치열한 논의를 통해 1944년에 이른바 브레턴우즈 체제Bretton Woods System의 청사진을 만들었다. 미국 달러화를 기축통화로 삼아 고정환율제를 실시하고, 무역 자유화를 지향하며, 후진국의 경제 발전을 돕는다는 계획에 따라 IMF(국제통화기금), GATT(관세 및 무역에 관한 일반협정, WTO의 전신), IBRD(지금의 세계은행)의 세 국제기구를 창설했다. 비록 미국의 영향력이 현실적으로 큰 상황이어서 본인의 비전을 원하는 만큼 관철하지는 못했지만, 케인스는 자유무역적인 세계경제질서의 설계자로서 중요한 역할을 담당했다.

세계경제의 황금기는 케인스 경제학의 전성기였다. 이미 각국은 전쟁을 치르면서 통제경제체제를 경험했었고, 미국은 대공황 시기에 뉴딜 정책을 편 이력이 있었다. 다른 국가들도 국가 주도의 경제 운영에 익숙했다. 이런 경험은 평화 시에도 정부가 적극적 역할을 담당하는 체제를 채택하기 쉽게 만들었다. 케인스는 정부가 적절하게 총수요 관리정책을 폄으로써 경제적 안정을 가져올 수 있다고 주장했다. 경기침체와 인플레이션 사이에서 정부가 현명한 선택만 한다면 경제 번영을 보장할 수 있다는 그의 경제이론에 대해 전 세계의 학자들과 정책 입안자들은 적극적 수용으로 답했다.

그러나 케인스 경제학이 출발부터 탄탄한 체계를 갖춘 이론으로 받아들여진 것은 아니었다. 케인스가 제시한 주장이 정교한 이론으로 확립되기까지는 뛰어난 후학들의 기여가 컸다. 필립스도 그중 한 사람이었다. 필립스는 뉴질랜드에서 태어나 기계와 전기장치를 다루는 데 수완을 보이며 자란 청년이었다. 그는 영국으로 유학을 가 전기공학을 공부하다가 제2차 세계대전을 맞았고, 종전 후 경제학계의 주목을 받고 있던 케인스 경제학에 깊은 흥미를 느꼈다. 필립스는 경제학 지식을 자신의 기계 제작 능력과 결합시키기로 마음먹었다. 그가 경제학을 전공하는 친구들의 도움을 받아 완성한 기계가 바로 필립스 기계다.

그는 각 경제 부문을 의미하는 수조들을 설치하고 이들을 파이프로 연결하여 국민경제의 순환 모형을 시각적으로 표현했다. 예를 들어 물을 펌프로 끌어올리고 기계를 작동시키면, 소득에 해당하는 물이 저축, 조세 등을 의미하는 밸브들을 통해 여러 경제 부문으로 흘러간다. 이렇게 흘러들어온 물은 다시 연관된 경제 부문으로 이동하게 된다. 물의 이동이 모두 끝나면 각 경제 부문에 어떤 변화가 발생했는가를 최종적으로 확인할 수 있다. 그의 기계는 오늘날의 경제학 전문용어를 쓰자면 '개방경제 하의 IS-LM 모형'이었다. 필립스 기계는 정교한 자판기에 비유할 만했다. 물, 커피, 우유와 설탕의 양을 지정하고 스위치를 누르면 적절하게 배합된 커피 음료가 만들어져 나오듯이, 정부가 경제 변수들을 적절하게 조정함으로써 원하는 성과를 거둘 수 있음을 보여주었으니 말이다.

필립스가 대학 졸업반 때인 1949년에 시연한 이 기계는 경제학도들은 물론 교수들에게도 강렬한 인상을 남겼다. 그가 케인스 경제학의 핵심을 누구보다 잘 이해하고 있음이 확인되었을 뿐만 아니라, 그의 기계장치가 정부 경제정책의 효과를 꽤나 정밀하게 예측한다는 점도 놀라웠다. 필립스 기계는 곧 뜨거운 화제의 대상이 되었고 필립스는 본격적으로 경제학자로서의 길을 걷게 되었다. 이후 대학은 동일한 기계장치를 열네 개 더 제작해 교육적 목적으로 영국과 해외의 여러 대학들로 보냈다. 필립스 기계의 명성은 세계적이 되었다. 1946년 미국에서 제작되어 큰 화제를 불러일으킨 대형 컴퓨터 에니악ENIAC의 이름을 따서 '머니악MONIAC'이라는 별명도 얻었다. 화폐경제를 관리하는 데 유용한 아날로그 컴퓨터처럼 인식되었음을 알 수 있다.

1960년대까지 케인스 경제학은 화려한 전성기를 누렸다. 그러나 그의 시대가 영원히 계속될 수는 없었다. 케인스 경제학이 결정적으로 쇠퇴를 맞게 된 것은 1970년대 초반의 일이었다. 경기침체와 인플레이션이 동시에 진행되는 스태그플레이션Stagflation 현상이 발생하자 케인스 경제학으로는 효과적으로 대처할 수 없게 되었기 때문이다. 영원할 것 같았던 케인스 경제학은 이로써 정부 개입을 최소화하고 시장의 기능을 강조하는 시카고학파의 새 이론에 자리를 내주게 되었다. 20세기 말 세계경제질서의 근간이 되어 21세기 초까지도 강력한 영향력을 행사하게 되는 신자유주의의 시대이 시작이었디.

세계화는 어떻게 변하고 있나?

지금까지 우리는 비주얼 자료를 단서로 삼아 세계 경제의 2,000년 역사를 살펴보았다. 세계화의 관점에서 볼 때 인류의 여정은 참으로 파란만장했다. 역사의 퍼즐조각을 구성한 사건들이 무척이나 많았다. 그리고 각 시점에서 의사결정을 내리거나 그 결정을 받아들인 인물들, 운명을 순순히 수용하거나 거역의 길을 택한 인물들도 그만큼 다양했다.

그들은 로마의 황제와 노예, 게르만족 이주민, 십자군 원정대, 바이킹 탐험가, 노예 출신 지배자, 기사와 상비군, 산업스파이, 발명가, 구교도와 신교도, 러시아 계몽군주, 도박꾼과 의사, 청 황제와 유럽 사절단, 절대군주와 시민, 과학자와 기술자, 지진 피해자와 재건인력, 운하 건설자와 쿨리, 전신선 부설자와 항해사, 장거리 이민자, 자유무역과 보호무역 지지자, 제국주의자와 식민지 주민, 승전한 군인과 패배한 군인, 표준화의 설계자, 대공황의 피해자, 영향력 있는 경제학자 등이었다. 이들의 행동을 통해 때로는 낯선 집단 간에 연결망이 생기고 교류가 활성화되어 세계화가 가속화됐고, 때로는 이질적 요소를 배척해 세계화가 후퇴했다. 때로는 예상치 않은 요인이 세계화를 진전시키기도 했고, 때로는 세계화를 의도한 행위가 반세계화로 귀결되기도 했다. 인류가 살아온 역사는 이렇듯 많은 주체들의 행동이 상호작용을 하면서 나름의 흐름을 만들어 왔다.

이 책을 통해 우리는 1970년대 초반까지의 경제사를 살펴보았다. 케인스 경제학이 세계 경제의 황금기와 함께 누리던 번영이 막을 내리는 시점이다. 그 이후 역사는 어떻게 전개됐나? 스태그플레이션과 오일쇼크의 충격 속에서 브레턴우즈 체제는 더 이상 존립하기 어려워졌다. 미국 달러화를 기축통화로 삼아 유지됐던 고정환율제가 폐지되고 이를 대신해 변동환율제가 새로운 국제통화질서로 등장했다. 1980년대에 레이건과 대처의 주도로 신자유주의적 질서가 화려한 시작을 알렸다. 정부 역할의 제한, 무역 개방, 노동시장의 유연화, 자본 이동의 자유화, 복지의 축소 등을 내용으로 하는 새로운 경제기조가 세계적으로 확산되어갔다. 1990년대 초 소련이 붕괴하고 동구권 국가들이 자본주의로 체제전환을 함으로써 세계화에 더욱 가속도가 붙었다. 정보통신기술의 발달도 중요했다. 인터넷, 광전송, 위성통신 등의 기술진보가 정보의 유통 속도를 높이고 비용을 파격적으로 낮췄다. 이렇듯 경제적·정치적·기술적 요인들이 동시적으로 작용하면서 세계화는 급속하게 확산됐다.

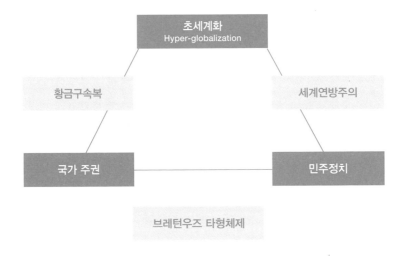

세계화의 삼자택이 모형
(자료: 대니 로드릭, 『더 나은 세계화를 말하다』(2009), 260쪽)

번영을 누리던 신자유주의적 세계화는 2008년 미국 발 글로벌 금융위기가 발발하면서 일단 제동이 걸렸다. 그간 시장에서의 경쟁을 최우선에 놓는 분위기 속에 규제가 지나치게 완화되고 국가의 감독 기능이 지나치게 약화된 데 위기의 원인이 있다는 주장이 대두되었다. 경쟁우선주의의 신자유주의적 질서를 대신해 세계화의 속도를 늦추고 '인간의 얼굴을 가진' 체제로 전환해야 한다는 반성의 목소리가 높아졌다.

이런 변화를 이해하는 분석틀로 이른바 세계화의 '삼자택이 Trilemma' 모형이 유용하다. 바람직한 세계질서는 어떤 것일까? 많이 언급되는 기준으로 국가 주권, 민주정치, 초세계화를 들 수 있다. 풀어 말하면 한 국가가 다른 국가의 강제를 벗어나 독자적으로 결정권을 행사할 수 있어야 한다는 것, 국내적으로 자유선거가 보장되는 환경에서 다수결로 결정되는 정책을 실행에 옮길 수 있어야 한다는 것, 그리고 국가 간에 교류와 교역이 활발해 상호 이익을 얻을 수 있어야 한다는 것이다. 이들 세 기준은 각각 존중을 받아야 할 가치가 있다고 많은 사람들이 인정한다. 그런데 문제는 어떤 세계질서도 세 기준을 모두 충족시킬 수는 없다는 데 있다. 세 기준 가운데 둘만을 만족시킬 수 있는 선택의 틀, 이것이 삼자택이 모형이다.

먼저 브레턴우즈 타협체제는 개별 국가의 결정권을 널리 보장하는 체제인데, 그러자면 세계화의 수준은 다소 낮게 유지할 수밖에 없다. 제2차 세계대전 이후 1970년대 초반까지의 세계질서와 가장 유사한 체제다. 황금구속복golden straightjacket은 우리가 통상 신자유주의 질서라고 부르는 체제, 즉 정부의 역할을 최소화하고 시장의 역할을 최대화하는 체제를 말한다. 이 체제를 택하면 개별 국가의 주권이 인정받고 세계화의 강도가 높게 유지된다. 그렇지만 국가 내의 정치 운영과는 상충할 수 있다. 예를 들어 국민투표로 자본의 국제적 이동을 제한하기로 결정한다면 황금구속복의 질서와 양립할 수 없다. 1970년대부터 글로벌 금융위기 직전까지 황금구속복이 지배적인 세계질서였다. 마지막으로 세계연방주의는 전 세계가 단일한 연방국가처럼 작동하고 각 국가들은 이를 구성하는 주의 역할을 하는 체제다. 이 체제 하에서는 초세계화와 민주정치는 구현할 수 있지만 개별국가는 제대로 된 주권을 행사할 수 없다. 세계적으로 이 체제가 작동했던 시기는 없다. 다만 유럽연합만을 놓고 본다면 세계연방주의에 근접하는 체제를 가졌다고 말할 수 있다.

　글로벌 금융위기가 마무리되면 세계는 어떤 질서를 향해 갈 것인가? 과거 대공황 시대에는 국가들이 협력을 이루지 못하고 제각기 탈출 방안을 모색한 결과 극단적 체제가 등장하고 경제회복이 지체되었던 바 있었다. 그때와 달리 글로벌 금융위기 상황에서 주요 국가들은 보호무역주의의 유혹을 물리치고 국제적으로 자유무역주의적인 공조를 유지하는 데 대체로 성공했다. 그렇지만 위급한 국면이 지나고 위기의 끝이 아른 아른 보이는 상황이 되면서 공조체제가 흔들리는 조짐이 나타나고 있다. 최근에 발생한 브렉시트Brexit와 트럼프의 미국 대통령 당선은 이런 면에서 시사하는 바가 크다. 이주노동력에 대한 반감, 자유무역협정의 파기 주장, 금리와 환율을 둘러싼 공방 등은 공조체제가 흔들리기 시작했다는 신호다. 그렇다면 앞으로 삼자택이 모형에서 어떤 세계질서가 지배적이 될까? 우선 세계연방주의는 아직 기대하기 요원해 보이므로 논의에서 제외하자. 만일 글로벌 금융위기의 영향이 짧고 견딜 만했다고 사람들이 인식한다면 세계질서는 황금구속복 체제로 복귀할 가능성이 높다. 그러나 그간의 세계화가 가혹했다거나 자신에게 불리했다고 불만을 가진 사람들이 많다면 브레턴우즈 타협체제로 방향을 전환할 가능성도 있다. 영국의 국민투표와 미국의 대통령선거에서 보호주의 내지 자국우선주의 공약에 많은 국민들이 표를 주었다는 사실은 앞으로 세계화가 후퇴하거나 적어도 감속할 수 있다는 예상에 힘을 실어준다. 점점 더 많은 국가들

토머스 하이네, 「워싱턴의 결과」, 「짐플리치시무스」, 1921년
세계화가 누구에게는 이익을 가져다주지만 누구에게는 고통을 가져다준다.

에서 이들과 유사한 결정을 내린다면 브레턴우즈 타협체제로의 이행에 힘이 실릴 것이다. 적어도 당분간은 국제적 공조체제가 약화된 각자도생의 시대가 될 것처럼 보인다.

위의 예측이 맞을지 100퍼센트 확신할 수는 없다. 그저 세계화의 역사에 비추어 유추해 본 시나리오일 뿐이다. 한 가지 분명한 점은 역사의 경로가 고정되어 있지 않다는 것이다. 매 순간에 사람들이 어떤 선택을 하느냐에 따라 미래는 새로 그려진다. 그리고 이 미래가 현재가 되고 다시 과거가 되는 것이다. 우리가 역사를 되돌아보는 이유는 우리의 미래를 어떻게 그리면 좋을지 단서를 얻기 위해서일 것이다. 시각자료로 경제사를 살펴본 이 책에 드러난 세계화의 흐름은 우리에게 어떤 단서를 던져주는가?

지나친 단순화의 위험을 무릅쓰고 말하자면, 세계화는 시대의 흐름을 인지하고 적극적으로 대응한 집단에게는 이득을 안겨주었고 그렇지 못한 집단에게는 손실을 안겨주었다. 물론 이런 이득이 전적으로 정당화된다고 주장하는 것은 절대 아니다. 일방적인 군사적 정복, 식민지의 침탈, 산업기밀의 불법 유출 등은 상대방에게 심각한 피해를 준다. 따라서 도덕적으로 인정하기 어렵다. 하지만 과학과 기술의 개발, 무역망의 확대, 종교적 관용, 대외적 문화교류 등 폭넓은 분야에 있어서 주도적인 세계화가 유리하다는 점은 분명하다. 또한 단기적으로는 우연적 요소들이 작용하지만 장기적으로는 명확한 인식과 면밀한 준비를 바탕으로 추진하는 세계화가 큰 효과를 발휘한다는 점도 분명하다. 마지막으로 세계화의 긍정적 효과를 누리기 위해서는 사상, 종교, 성별, 출신 등에 따라 차별하지 않고서 세상을 바라보고 사회와 경제를 운용하는 포용적 자세가 필요하다는 점을 강조하고 싶다. 편협함이 너그러움을 이길 수는 없는 법이다.

참고문헌

공통

김종현,『영국 산업혁명의 재조명』, 서울대학교출판문화원, 2013.

_____ ,『경영사 — 근대 기업발전의 국제비교』, 서울대학교출판문화원, 2015.

내셔널지오그래픽 지음, 이창우·이시은·박유진 옮김,『한 눈으로 보는 과학과 발명의 세계사』, 지식갤러리, 2013 (원저: National Geographic, *National Geographic Concise History of Science and Invention: An Illustrated Time Line*, National Geographic, 2009).

로드릭, 대니 지음, 제현주 옮김,『더 나은 세계화를 말하다』, 북돋움, 2009 (원저: Dani Rodrik, *One Economics, Many Recipes: Globalization, Institutions, and Economic Growth*, Princeton University Press, 2009).

로드릭, 대니 지음, 고빛샘·구세희 옮김,『자본주의 새판짜기』, 21세기북스, 2011 (원저: Dani Rodrik, *The Globalization Paradox: Democracy and the Future of the World Economy*, W. W. Norton & Company, 2011).

리비-바치, 마시모 지음, 송병건·허은경 옮김,『세계인구의 역사』, 해남, 2009 (원저: Massimo Livi-Bacci, *A Concise History of World Population*, Blackwell, 2007).

맥닐, 존·윌리엄 맥닐 지음, 유정희·김우영 옮김,『휴먼 웹 — 세계화의 세계사』, 이산, 2007 (원저: John R. McNeill & William H. McNeill, *The Human Web: A Bird's Eye View of World History*, Norton, 2003).

문소영, 『그림 속 경제학』, 이다미디어, 2014.

송병건, 『세계경제사 들어서기』, 해남, 2013.

_____, 『경제사―세계화와 세계 경제의 역사』, 2판, 해남, 2014.

_____, 『비주얼 경제사―세계화는 어떻게 진화했나?』, 아트북스, 2015.

애쓰모글루, 대런·제임스 A. 로빈슨 지음, 최완규 옮김, 『국가는 왜 실패하는가』, 시공
　　　사, 2012 (원저: Daron Acemoglu & James A. Robinson, *Why Nations Fail*,
　　　Crown Publishing, 2012).

양동휴, 『유럽의 발흥―비교경제사 연구』, 서울대학교출판부, 2014.

우정아, 『명작, 역사를 만나다』, 아트북스, 2012.

이주헌, 『서양미술 특강』, 아트북스, 2014.

이진숙, 『시대를 훔친 미술』, 민음사, 2015.

장하준 지음, 형성백 옮김, 『사다리 걷어차기』, 부키, 2004 (원저: Ha-Joon Chang, *Kick-
　　　ing Away the Ladder*, Anthem Press, 2002).

찬다, 나얀 지음, 유인선 옮김, 『세계화, 전 지구적 통합의 역사』, 모티브, 2007 (원저: Nay-
　　　an Chanda, *Bound Together: How Traders, Preachers, Adventurers, and
　　　Warriors Shaped Globalization*, Yale University Press, 2007).

클라크, 그레고리 지음, 이은주 옮김, 『맬서스, 산업혁명, 그리고 이해할 수 없는 신세계』,
　　　한스미디어, 2009 (원저: Gregory Clark, *A Farewell to Alms*, Princeton Uni-
　　　versity Press, 2008).

포메란츠, 케네스 지음, 김규태·이남희·심은경 옮김, 『대분기―중국과 유럽, 그리고 근
　　　대세계경제의 형성』, 에코리브르, 2016 (원저: Kenneth Pomeranz, *Great Di-
　　　vergence: China, Europe, and the Making of the Modern World History*,
　　　Revised edn., Princeton University Press, 2001).

피케티, 토마 지음, 장경덕 옮김, 『21세기 자본』, 글항아리, 2014 (원저: Thomas Pik-
　　　etty, trans. by Arthur Goldhammer, *Capital in the Twenty-First Century*,
　　　Belknap Press, 2014).

헬드, 데이비드·앤터니 맥그루·데이비드 골드블라트·조너선 페라턴 지음, 조효제 옮김,
　　　『전지구적 변환』, 창작과 비평사, 1999 (원저: David Held, Anthony McGrew,
　　　David Goldblatt & Jonathan Perraton, *Global Transformation*, Stanford

University Press, 1999).

호프만, 필립 T. 지음, 이재만 옮김, 『정복의 조건―유럽은 어떻게 세계 패권을 손에 넣었는가』, 책과함께, 2016 (원저: Philip T. Hoffman, *Why Did Europe Conquer the World?*, Princeton University Press, 2015).

Bentley, J., H. Ziegler and H. Streets Salter, *Traditions and Encounters: A Brief Global History*, 4th edn., McGraw-Hill Education, 2015.

Clark, Greg, *Great Cities*, Brookings Institution Press, 2016.

DK Publishing, *War: The Definitive Visual History*, DK Publishing, 2009.

Fernández-Armesto, Felipe, *Pathfinders: A Global History of Exploration*, W. W. Norton & Company, 2007.

Goff, Richard *et al.*, *The Twentieth Century and Beyond: A Global History 7th edn.*, McGraw-Hill, 2007.

Graff, M., A. G. Kenwood & A. L. Lougheed, *Growth of International Economy, 1820-2015, 5th edn.*, Routledge, 2014.

Hopkins, A. G., ed., *Globalization in World History*, Norton, 2002.

Kleiner, Fred S., *Gardner's Art Through the Ages: A Global History, Vols. 1-2, 15th edn.*, Wadsworthing Publishing, 2015.

Landes, David S. *Wealth and Poverty of Nations.*, Hachette, 2015.

Maddison, Angus. *Contours of the World Economy 1-2030 AD: Essays in Macro-economic History.* Oxford University Press, 2007.

Mokyr, Joel, *The Enlightened Economy: An Economic History of Britain 1700-1850*, Yale University Press, 2012.

_____, *A Culture of Growth: The Origins of the Modern Economy*, Princeton University Press, 2016.

National Geographic, *Visual History of the World*, National Geographic, 2005.

Osterhammel, Jürgen and Patrick Camiller, *The Transformation of the World: A Global History of the Nineteenth Century*, Princeton University Press, 2015.

Parthasarathi, Prasannan. *Why Europe Grew Rich and Asia Did Not: Global Eco-*

nomic Divergence, 1600–1850. Cambridge University Press, 2011.

Williams, J., *Money: A History*, Palgrave, 1998.

Wrigley, E. A., *Continuity, Chance and Change*, Cambridge University Press, 1988.

I. 고대부터 중세까지 : 세계화의 첫걸음

01　팽창을 멈추면 쇠퇴가 시작된다

기번, 에드워드 지음, 송은주 옮김, 『로마제국 쇠망사』 1–6권, 민음사, 2010 (원저: Edward Gibbon, *History of the Decline and Fall of the Roman Empire, 8 Vols.*, Oxford University Press, 1999).

브래들리, K. R. 지음, 차전환 옮김, 『로마제국의 노예와 주인』, 신서원, 2001 (원저: K. R. Bradley, *Slaves and Masters in the Roman Empire*, Oxford University Press, 1987).

히더, 피터 지음, 이순호 옮김, 『로마제국과 유럽의 탄생』, 다른세상, 2011 (원저: Peter Heather, *Empires and Barbarians: The Fall of Rome and the Birth of Europe*, Oxford University Press, 2010).

Bradley, K. R., *Slavery and Society at Rome*, Cambridge University Press, 1994.

Dal Lago, E. and Katsari, C. eds., *Slave Systems: Ancient and Modern*, Cambridge University Press, 2008.

Lewit, T., *Villas, Farms, and the Late Roman Rural Economy: Third to Fifth Centuries AD*, Archaeopress, 2004.

McKeown, N., *The Invention of Ancient Slavery?*, Duckbacks, 2007.

Thompson, F. H., *The Archaeology of Greek and Roman Slavery*, Duckbacks, 2003.

Turley, D., *Slavery*, Wiley-Blackwell, 2000.

02 훈족과 게르만족의 도미노 효과, 유럽 중세를 만들다

루빈, 미리 지음, 이종인 옮김, 『중세』, 연암서가, 2016 (원저: M. Rubin, *The Middle Ages: A Very Short Introduction*, Oxford University Press, 2014).

자이프트, 페르디난트 지음, 차용구 옮김, 『중세, 천년의 빛과 그림자』, 현실문화연구, 2013 (원저: Ferdinand Seibt, *Glanz und Elend des Mittelalters: Eine endliche Geschichte*, Siedler, 1987).

화이트, 린 지음, 강일휴 옮김, 『중세의 기술과 사회 변화』, 지식의 풍경, 2005 (원저: Lynn White, *Medieval Technology and Social Change*, Oxford University Press, 1961).

Clark, Gillian, *Late Antiquity: A Very Short Introduction*, Oxford University Press, 2011.

Geary, Patrick J., *The Myth of Nations: The Medieval Origins of Europe, 2nd edn.*, Princeton University Press, 2003.

Halsall, Guy, *Barbarian Migrations and the Roman West, 376-568*, Cambridge University Press, 2008.

James, Edward, *Europe's Barbarians AD 200-600*, Routledge, 2009.

Wickham, Chris, *Framing the Early Middle Ages: Europe and the Mediterranean, 400-800*, Oxford University Press, 2007.

03 바이킹, 콜럼버스보다 500년 앞서 아메리카에 상륙하다

박용진, 『중세 유럽은 암흑시대였는가?』, 민음인, 2010.

타임라이프북스 편집부 지음, 이종인 옮김, 『바이킹의 역사 — 고대 북유럽』, 가람기획, 2004 (원저: Time-Life Books, *What Life Was Like: When Longships Sailed, Vikings AD 800-1100*, Time Life Education, 1998).

Ferguson, Robert, *The Vikings: A History, international edn.*, Penguin Books, 2010.

Garnett, George, *The Norman Conquest: A Very Short Introduction*, Oxford University Press, 2010.

Howarth, David, *1066: The Year of the Conquest*, Penguin Books, 1981.

Jones, Gwyn, *A History of the Vikings*, Oxford University Press, 2001.

Musset, Lucien, trans. by Richard Rex, *The Bayeux Tapestry*, Boydell Press, 2011.

Richards, Julian D., *The Vikings: A Very Short Introduction*, Oxford University Press, 2005.

Sawyer, Birgit and Peter Sawyer, *Medieval Scandinavia: From Conversion to Reformation, circa 800-1500*, University of Minnesota Press, 1993.

Sawyer, Peter, *The Oxford Illustrated History of the Vikings, ILL edn.*, Oxford University Press, 2001.

Winroth, Anders, *The Age of the Vikings, reprinted edn.*, Princeton University Press, 2016.

04   종교적 외피 아래 감춰진 물질적 욕망이 드러나다

말루프, 아민 지음, 김미선 옮김, 『아랍인의 눈으로 본 십자군 전쟁』, 아침이슬, 2002 (원저: Amin Maalouf, *Les Croisades Vues par les Arabes*, J'ai lu, 1999).

크롤리, 로저 지음, 우태영 옮김, 『부의 도시, 베네치아』, 다른세상, 2012 (원저: Roger Cowley, *City of Fortune: How Venice Won and Lost a Naval Empire*, Faber & Faber, 2012).

타임라이프 북스 지음, 김옥진 옮김, 『기사도의 시대: 중세 유럽 AD 800–1500』, 가람기획, 2004 (원저: Time-Life Books, *What Life Was Like: In the Age of Chivalry, Medieval Europe AD 800-1500*, Time Life Education, 1997).

Cobb, Paul, *The Race for Paradise: An Islamic History of the Crusades, reprinted edn.*, Oxford University Press, 2016.

Phillips, Jonathan, *The Fourth Crusade and the Sack of Constantinople*, Viking Adult, 2004.

Queller, Donald E. and Thomas F. Madden, *The Fourth Crusade: The Conquest of Constantinople, 2nd edn.*, University of Pennsylvania Press, 1997.

Riley-Smith, Jonathan, *The Crusades: A History, 3rd edn.*, Bloomsbury Academic, 2014.

_____ ed., *The Oxford History of the Crusades*, Oxford University Press, 2001.

05   돈이 전쟁의 승패를 좌우하다

마르크스, 로버트 B. 지음, 윤영호 옮김, 『어떻게 세계는 서양이 주도하게 되었는가』, 사이, 2014 (원저: Robert B. Marks, *The Origins of the Modern World*, Rowman & Littlefield Publishers, 2006).

외르겐젠, 크리스터 외 지음, 최파일 옮김, 『근대 전쟁의 탄생』, 미지북스, 2011 (원저: Christer Jorgensen *et al.*, *Fighting Techniques of the Early Modern World AD 1500 to 1763*, The History Press, 2005).

이내주, 『한국 무기의 역사』, 살림, 2013.

Howard, Michael, *War in European History*, Oxford University Press. 2009.

Jacob, Frank and Gilmar Visoni-Alonzo, *The Military Revolution in Early Modern Europe: A Revision*, Palgrave, 2016.

Knox, MacGregor and Williamson Murrey eds., *The Dynamics of Military Revolution, 1300-2050*, Cambridge University Press, 2001.

McNeill, William H., *The Pursuit of Power: Technology, Armed Force, and Society Since AD 1000*, University of Chicago Press, 1984.

Parker, Geoffrey, *The Military Revolution: Military Innovation and the Rise of the West, 1500-1800, 2nd edn.*, Cambridge University Press, 1996.

II. 대항해시대와 중상주의 시대: 세계화의 갈림길

06   맘루크와 예니체리, 제국의 운명을 결정하다

손주영, 『이슬람 ─교리, 사상, 역사』, 일조각, 2005.

퀴테르트, 도널드 지음, 이은정 옮김, 『오스만 제국사』, 사계절, 2008 (원저: Donald Quataert, *The Ottoman Empire, 1700-1922, 2nd edn.*, Cambridge University Press, 2005).

파머, 앨런 지음, 이은정 옮김, 『오스만 제국은 왜 몰락했는가』, 에디터, 2004 (원저: Alan Palmer, *The Decline and Fall of the Ottoman Empire*, Barnes and Noble Books, 1994).

Aksan, Virginia, *Ottoman Wars, 1700-1870*, Routledge, 2014.

Goodwin, Godfrey, *The Janissaries*, Saqi Books, 2013.

Musle, Cihan Yüksel, *The Ottomans and the Mamluks*, I. B. Tauris, 2014.

Wasserstein, David and Ami Ayalon eds., *Mamluks and Ottomans*, Routledge, 2013.

Waterson, James, *The Knights of Islam: The Wars of the Mamluks*, Greenhill Books, 2007.

07 신기술이 어둠의 경로로 전파되다

권홍우, 『부의 역사 — 대항해시대에서 석유 전쟁까지』, 인물과사상사, 2008.
이재규, 『기업과 경영의 역사』, 사과나무, 2006.

Berg, Maxine and Elizabeth Eger, *Luxury in the Eighteenth Century*, Palgrave Macmillan, 2003.

Bottom, N. R. and R. R. J. Gallati, *Industrial Espionage: Intelligence Techniques and Countermeasures*, Butterworth-Heinemann, 1984.

Cameron, Edward Hugh, *Samuel Slater: Father of American Manufactures*, B. Wheelwright Company, 1960.

Finlay, Robert, *The Pilgrim Art: Cultures of Porcelain in World History*, University of California Press, 2010.

Harris, John Raymond, *Industrial Espionage and Technology Transfer: Britain and France in the Eighteenth Century*, Scolar Press, 1998.

Liu, X., *Silk and Religion: An Exploration of Material Life and the Thought of People, AD 600-1200*, Oxford University Press, 1996.

Meyer, David, R., *The Roots of American Industrialization*, Johns Hopkins University Press, 2003.

Nasheri, Hedieh, *Economic Espionage and Industrial Spying*, Cambridge University Press, 2004.

Pacey, A., *Technology in World Civilization*, Basil Blackwell, 1990.

Pierson, Stacey, *From Object to Concept: Global Consumption and the Transformation of Ming Porcelain*, Hong Kong University Press, 2013.

08 정밀 태엽시계가 해상제국의 기반을 닦다

대시, 존 지음, 장석봉 옮김, 『해상시계 바닷길의 비밀을 풀다』, 사계절, 2005 (원저: Joan Dash, *The Longitude Prize*, Farrar, Straus & Giroux, 2000).

소벨, 데이바 지음, 김진준 옮김, 『경도 이야기』, 웅진지식하우스, 2012 (원저: Dava Sobel, *Longitude: The True Story of a Lone Genius Who Solved the Greatest Scientific Problem of His Time*, Walker & Company, 1998).

Bruton, Eric, *History of Clocks and Watches*, Crescent, 1979.

Dunn, Richard, *Navigational Instruments*, National Maritime Museum, 2016.

_____ and Rebekah Higgitt, *Finding Longitude: How Ships, Clocks and Stars Helped Solve the Longitude Problem*, Collins, 2014.

Glennie, Paul, and Nigel Thrift, *Shaping the Day: A History of Timekeeping in England and Wales 1300-1800*, Oxford University Press, 2009.

Huth, John Edward, *The Lost Art of Finding Our Way*, Belknap Press, 2013.

Johnston, Andrew K. *et al.*, *Time and Navigation*, Smithsonian Books, 2015.

Placko, Dominique, ed., *Fundamentals of instrumentation and Measurement*, John Wiley & Sons, 2013.

Whitrow, Gerald James, *Time in History: Views of Time from Prehistory to the Present Day*, Oxford University Press, 1989.

09 신교도의 해외 탈출, 프랑스의 쇠락을 초래하다

콜린슨, 패트릭 지음, 이종인 옮김, 『종교개혁』, 을유문화사, 2013 (원저: Patrick Collin-
    son, *The Reformation: A History*, Modern Library, 2006).
베버, 막스 지음, 김현욱 옮김, 『프로테스탄트 윤리와 자본주의정신』, 동서문화사, 2009
    (원저: Max Weber, trans. by Talcott Parsons, *The Protestant Ethic and the
    Spirit of Capitalism, 2nd edn.*, Routledge, 2001).
Edwards Jr, Mark U., *Printing, Propaganda, and Martin Luther*, Fortress Press,
    2004.
Eisenstein, Elizabeth L., *The Printing Revolution in Early Modern Europe*, Cam-
    bridge University Press, 2005.
Holt, Mack, *The French Wars of Religion, 1562-1629, 2nd edn.*, Cambridge Uni-
    versity Press, 2005.
Knocht, R. J., *The French Wars of Religion, 1559-1598, 3rd edn.*, Routledge, 2010.
Marius, Richard, *Martin Luther: the Christian between God and Death*, Harvard
    University Press, 2009.
Nexon, Daniel H., *The Struggle for Power in Early Modern Europe: Religious Con-
    flict, Dynastic Empires, and International Change*, Princeton University
    Press, 2009.
Parker, Geoffrey, *The Thirty Years' War, 2nd edn.*, Routledge, 1997.
Treasure, Geoffrey, *The Huguenots*, Yale University Press, 2013.

10 서유럽을 본떠 러시아제국을 건설하라

랴자놉스키, 니콜라스 V.·마크 D. 스타인버그 지음, 조호연 옮김, 『러시아의 역사』(상·하),
    까치, 2011 (원저: Nicholas Riasanovsky & Mark Steinberg, *A History of Rus-
    sia, 8th edn.*, Oxford University Press, 2010).
이진숙, 『러시아 미술사: 위대한 유토피아의 꿈』, 민음인, 2007.
크라크라프트, 제임스 지음, 이주엽 옮김, 『표트르 대제—러시아를 일으킨 리더십』, 살림, 2008 (원저: James Cracraft, *The Revolution of Peter the Great*, Harvard University Press, 2006).

Anisimov, Evgeniĭ Viktorovich, *The Reforms of Peter the Great: Progress Through Coercion in Russia*, ME Sharpe, 1993.

Bushkovitch, Paul, *A Concise History of Russia*, Cambridge University Press, 2011.

Hughes, Lindsey, *Russia in the Age of Peter the Great*, Yale University Press, 1998.

Massie, Robert K., *Peter the Great: His Life and World*, Random House, 2012.

Michaels, Will, *The Making of St. Petersburg*, Academia Publishing, 2012.

III. 산업혁명의 시대: 공업화와 세계화

11 절대왕정을 축출하고 시장경제의 기틀을 마련하다

브링클리, 앨런 지음, 황혜성 옮김, 『있는 그대로의 미국사, 1-2권』, 휴머니스트, 2011 (원저: Alan Brinkley, *The Unfinished Nation: A Concise History of the American People, 6th edn.*, McGraw-Hill, 2009).

주명철, 『오늘 만나는 프랑스 혁명』, 소나무, 2013.

이태숙, 『근대 영국 헌정: 역사와 담론』, 한길사, 2013.

파커, 데이비드 외 지음, 박윤덕 옮김, 『혁명의 탄생』, 교양인, 2009 (원저: David Parker ed., *Revolutions and the Revolutionary Tradition: In the West 1560-1991*, Routledge, 2000).

Egnal, Marc, *Clash of Extremes: The Economic Origins of the Civil War*, Hill and Wang, 2010.

Kishlansky, Mark, *A Monarchy Transformed: Britain, 1603-1714, 6th edn.*, Penguin Books, 1997.

McPhee, Peter, *Liberty or Death: The French Revolution*, Yale University Press, 2016.

McPherson, James M., *The War That Forged a Nation: Why the Civil War Still Matters*, Oxford University Press, 2015.

Pincus, Steve, *1688: The First Modern Revolution*, Yale University Press, 2011.

Tilly, Charles, *European Revolutions, 1492-1992*, Wiley-Blackwell, 1996.

12   세기의 발명은 필요한 때, 또 가능한 때 이루어진다

매클렐란 3세, 제임스·해럴드 도른 지음, 전대호 옮김, 『과학과 기술로 본 세계사 강의』, 모티브북, 2006 (원저: James E. McClellan & Harold Dorn, *Science and Technology in World History: An Introduction*, Johns Hopkins University Press, 1999).

뫼저, 쿠르트 지음, 김태희·추금환 옮김, 『자동차의 역사』, 뿌리와이파리, 2007 (원저: Kurt Möser, *Die Geschichte des Autos*, Campus Sachbuch, 2002).

송성수, 『사람의 역사 기술의 역사』, 부산대학교출판부, 2011.

Allen, Robert C., *The British Industrial Revolution in Global Perspective*, Cambridge University Press, 2009.

Berg, Maxine, *The Age of Manufactures, 1700-1820: Industry, Innovation and Work in Britain*, Routledge, 2005.

Burke, Peter, *Social History of Knowledge: From Gutenberg to Diderot*, Polity, 2000.

_____, *A Social History of Knowledge II: From the Encyclopaedia to Wikipedia*, Polity, 2012.

Harris, Stephen, and Bryon L. Grigsby eds., *Misconceptions about the Middle Ages*, Routledge, 2010.

Horn, Jeff, *The Path Not Taken: French Industrialization in the Age of Revolution, 1750-1830*, MIT Press, 2006.

Landels, J. G., *Engineering in the Ancient World, 2nd edn*, University of California Press, 2000.

Long, Pamela O., *Openness, Secrecy, Authorship: Technical Arts and the Culture of Knowledge from Antiquity to the Renaissance*, Johns Hopkins University Press, 2001.

Setright, L. J. K., *Drive On!: A Social History of the Motor Car*, Granta Books, 2004.

13 화이사상에 갇힌 건륭제, 세계의 변화를 놓치다

과달루피, 지안니 지음, 이혜소·김택규 옮김, 『중국의 발견―서양과 동양 문명의 조우』, 생각의나무, 2004 (원저: G. Guadalupi, *China Revealed*, White Star, 2003).

리처드슨, 필립 지음, 강진아·구범진 옮김, 『쟁점으로 읽는 중국 근대 경제사, 1800-1950』, 푸른역사, 2007 (원저: Philip Richardson, *Economic Change in China, c. 1800-1950*, Cambridge University Press, 1999).

엘리엇, 마크 C. 지음, 양휘웅 옮김, 『건륭제―하늘의 아들, 현세의 인간』, 천지인, 2011 (원저: Mark C. Eliott, *Emperor Qianlong: Son of Heaven, Man of the World*, Pearson, 2009).

Cheong, Weng Eang, *The Hong Merchants of Canton: Chinese Merchants in Sino-Western Trade, 1684-1798*, Routledge, 2013.

Cotterell, Arthur, *Western Power in Asia: Its Slow Rise and Swift Fall, 1415-1999*, John Wiley & Sons, 2010.

Godfrey, Richard and Mark Hallett, *James Gillray: The Art of Caricature*, Tate, 2001.

Haijian, Mao, trans. by Joseph Lawson *et al.*, *The Qing Empire and the Opium War: The Collapse of the Heavenly Dynasty*, Cambridge University Press, 2016.

Hillemann, Ulrike, *Asian Empire and British Knowledge: China and the Networks of British Imperial Expansion*, Springer, 2009.

Van Dyke, Paul A., *The Canton Trade: Life and Enterprise on the China Coast, 1700-1845*, Hong Kong University Press, 2007.

Wong, J. Y., *Deadly Dreams: Opium and the Arrow War (1856-1860) in China*, Cambridge University Press, 2002.

14   영국, 동물자원 활용으로 혁신을 이끌다

강신익·신동원·여인석·황상익, 『의학 오디세이』, 역사비평사, 2007.

셸리, 메리 지음, 김선형 옮김, 『프랑켄슈타인』, 문학동네, 2012 (원저: Mary W. Shelly, *Frankenstein*, Oxford University Press, 2007).

Harrow, Sharon, *British Sporting Literature and Culture in the Long Eighteenth Century*, Routledge, 2016.

Harvey, M. A., *The Beginnings of a Commercial Sporting Culture in Britain, 1793–1850*, Ashgate, 2013.

Hopkins, Donald R., *The Greatest Killer: Smallpox in History*, University of Chicago Press, 2002.

Lindemann, Mary, *Medicine and Society in Early Modern Europe*, Cambridge University Press, 1999.

Magner, Lois N., *A History of Infectious Diseases and the Microbial World*, ABC-CLIO, 2009.

Overton, Mark, *Agricultural Revolution in England: The Transformation of the Agrarian Economy 1500-1850*, Cambridge University Press, 1996.

Twitchell, James B., *Preposterous Violence: Fables of Aggression in Modern Culture*, Oxford University Press, 1989.

Whitwam, Linda, *The Complete History of the Bulldog*, Griffin Press, 2014.

15   대지진의 참화 속에서 재건을 꿈꾸다

로빈슨, 앤드루 지음, 김지원 옮김, 『지진 ― 두렵거나 외면하거나』, 반니, 2015 (원저: Andrew Robinson, *Earthquake: Nature and Culture*, Reaktion Books, 2013).

박병도, 「나마즈에(鯰繪)에 나타난 일본의 지진신앙과 그 변모」, 『역사민속학』 40, 2012.

Batten, Bruce L. and Philip C. Brown eds., *Environment and Society in the Japanese Islands: From Prehistory to the Present*, Oregon State University Press, 2015.

Beasley, William G., *The Rise of Modern Japan: Political, Economic, and Social Change Since 1850*, Macmillan, 2000.

Clancey, Gregory, *Earthquake Nation: The Cultural Politics of Japanese Seismicity, 1868-1930*, University of California Press, 2006.

Kitaharak, I. *et al.*, *Documenting Disaster, Natural Disasters in Japanese History, 1703-2003*, National Museum of Japanese History, 2003.

Kozak, J. and V. Cermak, *The Illustrated History of Natural Disasters*, Springer-Verlag: 203, 2010.

Ouwehand, C., *Namazu-e and Their Themes*, E. J. Brill, 1964.

Smits, Gregory, "Shaking up Japan: Edo society and the 1855 catfish picture prints", *Journal of Social History* 39 (4), 2006.

_____, *Seismic Japan: The Long History and Continuing Legacy of the Ansei Edo Earthquake*, University of Hawaii Press, 2013.

IV. 제국주의 시대: 속도를 올리는 세계화

16   대운하, 세계 물류에 혁명을 일으키다

베른, 쥘 지음, 김주열 옮김, 『80일간의 세계 일주』, 창비, 2015 (원저: Jules Verne, *Around the World in Eighty Days, reprinted edn.*, Oxford University Press, 2008).

커틴, 필립 D. 지음, 김병순 옮김, 『경제인류학으로 본 세계 무역의 역사』, 모티브, 2007 (원저: Philip D. Curtin, *Cross-Cultural Trade in World History*, Cambridge University Press, 1984).

Bunker, Stephen G. and Paul S. Ciccantell, *Globalization and the Race for Resources*, Johns Hopkins University Press, 2005.

Chew, Ernest Chin Tiong, *A History of Singapore*, Oxford University Press, 1991.

Garrison, William L. and David M. Levinson, *The Transportation Experience: Policy, Planning, and Deployment*, Oxford university press, 2014.

Heng, Derek and Syed Muhd Khairudin Aljunied eds., *Singapore in Global History*, Amsterdam University Press, 2011.

Karabell, Zachary, *Parting the Desert: The Creation of the Suez Canal*, Knopf. 2003.

Reid, Anthony, *A History of Southeast Asia: Critical Crossroads*, Wiley-Blackwell, 2015.

Turnbull, C. M., *A History of Modern Singapore, 1819-2005*, National University of Singapore Press, 2009.

Ville, Simon P. and Judith Kearney, *Transport and the Development of the European Economy, 1750–1918*, Springer, 1990.

Waterson, Roxana and Wong Hong Suen, *Singapore through 19th Century Paintings and Prints*, Didier Millet, 2010.

17   전 지구를 엮는 통신혁명의 신호탄이 터지다

미사, 토머스, J. 지음, 소하영 옮김, 『다빈치에서 인터넷까지』, 글램북스, 2015 (원저: Thomas J. Misa, *Leonardo to the Internet: Technology and Culture from the Renaissance to the Present, 2nd edn.*, Johns Hopkins University Press, 2011).

안데르센, 한스 크리스티안 지음, 햇살과나무꾼 옮김, 『안데르센 동화집 7』, 시공주니어, 2016 (원저: Hans Christian Andersen, *The Complete Fairy Tales and Stories*, Anchor, 1983).

헤드릭, 대니얼 R., 『과학기술과 제국주의』, 모티브북, 2013 (원저: Daniel R. Headrick, *The Tools of Empire: Technology and European Imperialism in the Nineteenth Century*, Oxford University Press, 1981).

Nigg, Joseph, *Sea Monsters: The Lore and Legacy of Olaus Magnus's Marine Map*, The Ivy Press, 2013.

Rotberg, Robert I., *The Founder: Cecil Rhodes and the Pursuit of Power*, Oxford University Press, 1988.

Standage, Tom, *The Victorian Internet: The Remarkable Story of the Telegraph and the Nineteenth Century's On-line Pioneers, 2nd edn.*, Bloomsbury, 2014.

Wenzlhuemer, Roland, *Connecting the Nineteenth-Century World: The Telegraph and Globalization*, Cambridge University Press, 2013.

Winseck, Dwayne R. and Robert M. Pike, *Communication and Empire: Media, Markets, and Globalization, 1860–1930*, Duke University Press, 2007.

18 이민자들이 건설한 나라가 이민자들을 배척하다

강준만, 『미국은 드라마다』, 인물과사상사, 2014.

민경희, 『미국 이민의 역사』, 개신, 2008.

손영호, 『다시 읽는 미국사』, 교보문고, 2011.

존슨, 폴 지음, 명병훈 옮김, 『미국인의 역사 I, II』, 살림, 2016 (원저: Paul Johnson, *History of the American People, Harper Perennial*, 1999).

Daniels, Roger, *Coming to America: A History of Immigration and Ethnicity in American Life, 2nd edn.*, Harpers Perennial, 2002.

_____, *Guarding the Golden Door: American Immigration Policy and Immigrants Since 1882*, Hill and Wang, 2005.

Gerber, David A., *American Immigration: A Very Short Introduction*, Oxford University Press, 2011.

Lee, Erika, *At America's Gates: Chinese Immigration during the Exclusion Era, 1882-1943*, University of North Carolina Press, 2003.

Spickard, Paul, *Almost All Aliens: Immigration, Race, and Colonialism in American History and Identity*, Routledge, 2007.

Zolberg, Aristide R., *A Nation by Design: Immigration Policy in the Fashioning of America*, Harvard University Press, 2008.

19 19세기 후반, 경제이념 공방전이 가열되다

부크홀츠, 토드 지음, 류현 옮김, 『죽은 경제학자의 살아있는 아이디어』, 김영사, 2009 (원
저: Todd G. Buchholz, *New Ideas from Dead Economists: An Introduction
to Modern Economic Thought*, Plume, 2007).

양동휴, 『세계화의 역사적 조망』, 서울대학교출판문화원, 2012.

핀들레이, 로널드·케빈 H. 오루크 지음, 하임수 옮김, 『권력과 부―1000년 이후 무역을 통
해 본 세계정치경제사』, 에코리브르, 2015 (원저: Ronald Findlay & Kevin H.
O'Rourke, *Power and Plenty: Trade, War, and the World Economy in the
Second Millennium*, Princeton University Press, 2009).

Dunkley, Graham, *Free Trade: Myth, Reality and Alternatives*, Zed Books, 2004.

Graff, Michael, A. G. Kenwood and A. L. Lougheed, *Growth of the International
Economy, 1820-2015, 5th edn.*, Routledge, 2013.

O'Rourke, Kevin H. and Jeffrey G. Williamson, *Globalization and History: The
Evolution of a Nineteenth-Century Atlantic Economy*, MIT Press, 2001.

Roberts, Russell, *The Choice: A Fable of Free Trade and Protection, 3rd edn.*, Pear-
son, 2006.

Schonhardt-Bailey, Cheryl, *From the Corn Laws to Free Trade*, MIT Press, 2006.

Semmel, Bernard, *The Rise of Free Trade Imperialism*, Cambridge University
Press, 2004.

Stearns, Peter, N., *Globalization in World History*, Routledge, 2009.

20 야만의 문명화인가, 폭압적 지배인가?

박지향, 『제국주의―신화와 현실』, 서울대학교출판문화원, 2015.

사이드, 에드워드 지음, 박홍규 옮김, 『오리엔탈리즘』, 교보문고, 2015 (원저: Edward
Said, *Orientalism*, Vintage, 1979).

키플링, 러디어드 지음, 윤희기 옮김, 『정글북』, 비룡소, 2016 (원저: Rudyard Kipling,
The Jungle Books, Oxford University Press, 2008).

홉슨, J. A. 지음, 신홍범·김종철 옮김, 『제국주의론』, 창작과비평사, 1982 (원저: J. A. Hobson, *Imperialism: A Study*, Allen and Unwin, 1902).

Bowman, William, Frank Chiteji and J. Megan Greene eds., *Imperialism in the Modern World: Sources and Interpretations*, Routledge, 2006.

Getz, Trevor R. and Heather Streets-Salter, *Modern Imperialism and Colonialism: A Global Perspective*, Pearson, 2010.

Headrick, Daniel R., *Power over Peoples: Technology, Environments, and Western Imperialism, 1400 to the Present*, Princeton University Press, 2012.

Parenti, Michael, *Face of Imperialism*, Routledge, 2011.

Saccarelli, Emanuele and Latha Varadarajan, *Imperialism Past and Present*, Oxford University Press, 2015.

Samson, Colin and Carlos Gigoux, *Indigenous Peoples and Colonialism: Global Perspectives*, Polity, 2016.

21   청일전쟁, 동아시아 정세를 일시에 뒤집다

김시덕, 『동아시아, 해양과 대륙이 맞서다』, 메디치미디어, 2015.

아키라, 하라 지음, 김연옥 옮김, 『청일·러일전쟁 어떻게 볼 것인가』, 살림, 2015 (원저: 原朗, 『日淸·日露戰爭をどう見るか』, Basic Books, 2007).

유용태·박진우·박태균, 『함께 읽는 동아시아 근현대사』, 창비, 2016.

Holcombe, Charles, *A History of East Asia: From the Origins of Civilization to the Twenty-First Century*, Cambridge University Press, 2010.

Jansen, Marius B., *The Making of Modern Japan*, Harvard University Press, 2002.

Jukes, Geoffrey, *The Russo-Japanese War 1904-1905*, Osprey Publishing, 2002.

Lipman, Jonathan N., Barbara A. Molony and Michael A. Robinson, *Modern East Asia: An Integrated History*, Pearson, 2011.

Lone, Stewart, *Japan's First Modern War: Army and Society in the Conflict with China, 1894–1895*, St. Martin's Press, 1994.

Paine, S. C. M., *The Sino-Japanese War of 1894–1895: Perceptions, Power, and*

Primacy, Cambridge University Press, 2002.

Schencking, J. Charles, *Making Waves: Politics, Propaganda and the Emergence of the Imperial Japanese Navy, 1868–1922*, Stanford University Press, 2005.

V. 세계대전과 자본주의의 황금기: 주춤한 세계화, 앞으로의 세계

22　　차량 통행방향에서 표준화의 세계사를 읽다

마이덴바우어, 외르크 지음, 정명진 옮김, 『놀랍다 과학의 발견과 발명 2』, 생각의나무, 2006 (원저: von Jörg Meidenbauer, *DuMonts Chronik der Erfindungen & Entdeckungen*, Dumont Kalenderverlag, 2002).

타다히코, 호시다 지음, 허강 옮김, 『별걸 다 재는 단위 이야기』, 어바웃어북, 2016 (원저: 星田 直彦, 『雜学科学読本 身のまわりの単位』, 中経の文庫, 2014).

Adler, Ken, *The Measure of All Things: The Seven-Year Odyssey and Hidden Error That Transformed the World*, Free Press, 2002.

Crease, Reboert, P., *World in the Balance: The Historic Quest for an Absolute System of Measurement*, W. W. Norton & Company, 2011.

Hebra, Alex, *Measure for Measure: The Story of Imperial, Metric, and Other Units*, Johns Hopkins University Press, 2003.

Kincaid, Peter, *The Rule of the Road: An International Guide to History and Practice*, Greenwood Press, 1986.

Klein, Herbert Arthur, *The Science of Measurement: A Historical Survey*, Dover Publications, 2011.

Robinson, Andrew, *The Story of Measurement*, Thames & Hudson, 2007.

Warren, Charles, *The Ancient Cubit and Our Weights and Measures*, Nabu Press, 2010.

Whitelaw, Ian, *A Measure of All Things: The Story of Man and Measurement*, St. Martin's Press, 2007.

양동휴, 『대공황 시대』, 살림, 2009.

테민, 피터 지음, 이헌대 옮김, 『세계 대공황의 교훈』, 해남, 2001 (원저: Peter Temin, *Lessons from the Great Depression*, MIT Press, 1991).

아이켄그린, 베리 지음, 박복영 옮김, 『황금 족쇄―금본위제와 대공황, 1919-1939』, 미지북스, 2016 (원저: Berry Eichengreen, *Golden Fetters: The Gold Standard and the Great Depression, 1919-1939*, Oxford University Press, 1996).

Bustard, Bruce, *A New Deal for the Arts*, University of Washington Press, 1997.

Fischer, Conan, *Europe between Democracy and Dictatorship, 1900-1945*, Wiley-Blackwell, 2010.

Kennedy, Roger G., *When Art Worked: The New Deal, Art, and Democracy*, Rizzoli, 2009.

Leuchtenburg, William E., *Franklin D. Roosevelt and the New Deal, 1932-1940*, Harper Perennial, 2009.

Luebbert, Gregory M., David Collier and Seymour Martin Lipset, *Liberalism, Fascism, or Social Democracy: Social Classes and the Political Origins of Regimes in Interwar Europe*, Oxford University Press, 1991.

Rauchway, Eric, *The Great Depression and the New Deal: A Very Short Introduction*, Oxford University Press, 2008.

Steiner, Zara, *The Lights that Failed: European International History 1919-1933*, Oxford University Press, 2007.

_____, *The Triumph of the Dark: European International History 1933-1939*, Oxford University Press, 2013.

Young, Louise, *Japan's Total Empire: Manchuria and the Culture of Wartime Imperialism*, University of California Press, 1999.

스테일, 벤 지음, 오인석 옮김, 『브레턴우즈 전투』, 아산정책연구원, 2015 (원저: Benn Steil, *The Battle of Bretton Woods*, Princeton University Press, 2014).

웝숏, 니컬러스 지음, 김홍식 옮김, 『케인스 하이에크』, 부키, 2014 (원저: Nicholas Wapshott, *Keynes Hayek: The Clash That Defined Modern Economics*, Tantor Media, 2011).

판 오페르트벨트 지음, 박수철 옮김, 『시카고 학파』, 에버리치홀딩스, 2011 (원저: Johan van Overtveldt, *The Chicago School*, Agate B2, 2009).

Bollard, Alan, *A Few Hares to Chase: The Life and Economics of Bill Phillips*, Auckland University Press, 2016.

Conway, Ed., *The Summit: Bretton Woods, 1944*, Pegasus Books, 2016.

Eichengreen, Barry, *Globalizing Capital: A History of the International Monetary System, 2nd edn.*, Princeton University Press, 2008.

Hally, Mike, *Electronic Brains: Stories from the Dawn of the Computer Age*, Joseph Henry Press, 2005.

Harvey, David, *A Brief History of Neoliberalism*, Oxford University Press, 2007.

Olson, Mancur, *The Rise and Decline of Nations: Economic Growth, Stagflation, and Social Rigidities*, Yale University Press, 1984.

Rockwell, Tom, *Best of Norman Rockwell*, Running Press, 2005.

Skidelsky, Robert, *Keynes: The Return of the Master*, Public Affairs, 2010.

Temin, Peter and David Vines, *Keynes: Useful Economics for the World Economy*, MIT Press, 2016.

세계화의 풍경들

그림의 창으로 조망하는 세계 경제 2천 년

© 송병건 2017

1판 1쇄	2017년 5월 18일
1판 6쇄	2022년 8월 12일

지은이	송병건
펴낸이	정민영
책임편집	손희경
편집	김소영
디자인	최윤미
마케팅	정민호 이숙재 김도윤 한민아 정진아 이민경 우상욱 정유선
제작처	영신사

펴낸곳	(주)아트북스
출판등록	2001년 5월 18일 제406-2003-057호
주소	10881 경기도 파주시 회동길 210
대표전화	031-955-8888
문의전화	031-955-7977(편집부) 031-955-8895(마케팅)
팩스	031-955-8855
전자우편	artbooks21@naver.com
트위터	@artbooks21
인스타그램	@artbooks.pub

ISBN 978-89-6196-294-0 03900